Vor dem VORWORT

Der geneigte Leser wird auf der ersten Seite, wenn nicht auf den ersten Seiten das Vorwort oder die Einleitung erwarten und wird hier enttäuscht werden. Das Vorwort befindet sich im Nach-Vorwort und findet seine Fortsetzung in der wichtigeren Nachlese, die Einleitung ist. Nur so viel sei gesagt: ER, der nicht mehr einstellt, sind zwei ER. Es kommt wie oft im Leben auf den Ton an – sei es nun guter oder schlechter Ton. Ton formt, mit Ton wird auch geformt, Ton läßt sich formen. Wo der Ton, wo die Betonung liegt, ist entscheidend.

ER, der nicht **mehr** einstellt, ist derjenige, der als Unternehmer im Betrieb noch schafft: entweder selbst schafft oder andere fremdbestimmt schaffen läßt oder beides. Ob er fremdbestimmt oder selbst fremdbestimmt ist, bleibt die Frage. Jedenfalls ist er verbiestert durch Gesetz, Gericht, Tarif. Er stellt daher nicht **mehr** Leute ein, als er im Betrieb hat; er entläßt allenfalls Leute, aber nicht alle.

ER, der **nicht** mehr einstellt, ist derjenige, der im Betrieb nicht mehr schafft oder schaffen läßt. Er ist geschafft; man sagt auch: frustriert. Er stellt deswegen **nicht** mehr ein. Denn er hat alle entlassen – jedenfalls in der Republik.

Erste Begebenheit

Arbeitsrecht hat mit Recht, aber auch mit Arbeit nichts zu tun.

Es ist früher Morgen. Das rote Backsteingebäude verschwimmt leicht in nebeligem Dunst. Es hat kaum gute, immer nur schlechte Zeiten – wohl ein Jahrhundert lang – in sich zergehen lassen müssen: zuerst als königlich preußisches Amtsgericht und später nach dem ersten großen Zusammenbruch republikanisch angehaucht, bis die Republik ausgehaucht hatte und sich ein gewaltiges Reich erhob, das bald zerstob. Dann – nach dem zweiten Zusammenbruch – war wieder die Republik angesagt. Die alte Benamsung stand noch immer in dem Rundbogen über der schwertürigen Eingangspforte. Aber neue Gerichtsbarkeit und Gerechtlichkeit hatten Einzug gehalten. Ein Arbeitsgericht hatte sich des vermutlich unter Denkmalschutz stehenden Baues bemächtigt.

Es ist wieder einmal Gütetermin in aller Frühe. So nennt sich der erste Termin in den Verfahren jenes Zweiges republikanischer Gerichtsbarkeit. Diesen Termin bestreitet der Kammervorsitzende alleine – ohne den Beistand seiner beiden Richterkollegen in dem späteren Kammertermin. Und hier wird nicht gestritten. In Güte vielmehr versucht der Richter, auf die sogenannten Parteien der ihm vorliegenden rechtlichen Auseinandersetzung einzuwirken, auf daß sie sich in irgendeiner Weise vergleichen: also nicht in weiteren Terminen endlos streiten, sondern hier gütlich auseinandergehen. So ist der Verlauf des Verfahrens gesetzlich geregelt. Aber schließlich ist man auch bemüht, Frieden zu stiften, um mit einem kurzen Vergleich ein langes Urteil zu sparen.

Dieses schwierige Geschäft spielt sich am Morgen dieses heraufdämmernden Tages zwischen einem Einzelhändler und seiner vormaligen, jetzt entlassenen Verkäuferin ab. Rechtsschutzversichert der eine, gewerkschaftszugehörig die andere sind beide bestens für den Streit um die Kündigung gerüstet. In dem länglich sich dahinziehenden, wortreichen Geplänkel zwischen dem Rechtsanwalt des Händlers und dem gewerkschaftlichen Rechtssekretär der Verkäuferin zeichnet sich die allseits beklagte, bundesrepublikanische sogenannte Arbeitsmarktlage ab. Der Händler hat seine Filiale in einer der Vorstädte, seine einzige Filiale, dicht gemacht, wie es so schlecht – nicht schön – heißt. Die Verkäuferin hatte er mit einer weiteren Kollegin entlassen. Er hatte aber nicht nur die Filiale, sondern auch die Entlassung wohl mehr oder weniger unbewußt dicht gemacht. Unbefangen, weil unbeleckt von jeglicher Rechtskenntnis, war er an die Sache herangegangen. Die Entlassene war die jüngst und kürzest beschäftigte seiner insgesamt elf Verkäuferinnen, und der Umsatzrückgang war beängstigend über das letzte Jahr hin gewesen.

So stellt sich der Fall als eine der wenigen Kündigungen dar, die nach Lage der Dinge rechtlich in Ordnung sind. Gleichwohl fordert der Richter Verkäuferin und Rechtssekretär nicht zur Klagerücknahme wegen völliger Aussichtslosigkeit auf. Er macht einen Vergleichsvorschlag. Der Händler solle an seine ehemalige Verkäuferin aus sozialen Erwägungen eine kleine Abfindung von 700 DM zahlen.

Der Händler guckt verständnislos durch den Gerichtssaal. Von dem rechtlich hochkarätigen Dreiecksgeplänkel zwischen Richter, Anwalt und Rechtssekretär hat er nichts verstanden. Er versteht nur, daß es wieder einmal um sein Geld geht. Der Anwalt merkt dieses und redet eindringlich auf seinen Mandanten ein.

„Sie haben den Vorschlag des Gerichts gehört!“ Der Händler in seiner Hilflosigkeit zuckt leicht zusammen. Fragt ihn der Anwalt weiter: „Haben Sie ihn auch verstanden?“ Unruhig ob der ungewohnten Situation rutscht er auf dem Stuhl leicht hin und her, worauf der Anwalt laut und im Gerichtssaal vernehmlich fortfährt: „Dazu muß ich Ihnen folgendes sagen: Die Bundesrepublik Deutschland – das steht so in der Verfassung – ist ein sozialer Rechtsstaat. Schwerpunkt und Betonung liegen auf Sozial und nicht auf Recht!“

Der Anwalt springt theatralisch auf, seine wallende schwarze Robe gerät in Bewegung. Er wendet sich an den Richter mit Ehrfurcht andeutender, leichter Verbeugung: „Herr Vorsitzender! Sie hören hier bitte weg. Ich muß die Sach- und Rechtslage einem absoluten Laien klarmachen.“

Nach diesen entschuldigenden Worten setzt sich die Belehrung an den erstaunten Händler fort: „Und damit Sie auch das wissen. Das Arbeitsrecht – wir sind ja hier beim Arbeitsgericht – hat mit Recht nichts zu tun und auch nicht mit Arbeit. Sind Sie also mit dem Vorschlag des Gerichts einverstanden?“ Erleichtertes mehrmaliges Nicken ist die spontane Reaktion, woraufhin ein entsprechender Vergleich eilfertig in das Protokoll diktiert wird.

Der gut gekleidete und auch deswegen vornehm wirkende Anwalt erhebt sich, zieht seinen Mandanten mit vom Stuhl hoch, schiebt ihn in Richtung Saalausgang, schreitet selbst zur Richterempore, wo er einige unverständliche Worte murmelt, und eilt seinem Mandanten nach.

Die breite Freitreppe im massigen Gerichtsbau gehen beide hinunter. Auf dem Wege versucht der Anwalt, die rechtlichen Fallstricke zu erläutern, welche die Republik und ihre Gerichte freiem Unternehmertum in den letzten zwei Jahrzehnten gelegt haben. Mit Entsetzen vernimmt der Händler, wie gut er weggekommen ist; daß er an und für sich für jedes Jahr Beschäftigung ein halbes Monatsgehalt hätte zahlen müssen. Das wären hier 4 200 DM gewesen. So war er mit einem halben Gehalt davongekommen. Und so zieht er befreit, das dunkle festungsartige Gemäuer verlassend, die frische Morgenluft in sich hinein. Blinzelnd schaut er in die schrägen Strahlen des sich durch den Morgendunst kämpfenden Tages.

Doch die Begebenheit zieht Bahnen in seinen Gehirnwindungen. Was alles müßte er denn auf den Richtertisch bei weiteren Entlassungen legen. Die vielen halben Gehälter, von denen der Anwalt gesprochen hatte; das war recht beunruhigend. Und die Preise für Entlassungen könnten wie alles andere steigen. Da müßte er wohl mit dem Anwalt nochmals zu Rate gehen. Er könnte, auch wenn er nicht unbedingt jetzt müßte, doch zwei etwas aufmüpfige Frauen vielleicht nicht ganz so billig, aber immerhin preiswert loswerden. Und jedes Jahr, um das er die Entlassungen hinauszögerte, würde die Aktion verteuern. Darüber würde er noch bis zum Wochenende mit dem findigen Anwalt reden. An eine Neueinstellung, die er trotz der Umsatzmisere erwogen hatte, war vorläufig jedenfalls nicht zu denken. Auch der Azubiene, die im letzten Lehrjahr stand, würde er den Laufpaß geben.

Abends im Kreise seiner Händlerkollegen findet er höchlichst interessierte Zuhörer. Man hat sich zur Vorbereitung der Aktion „Nach Feierabend zum Einkaufsabend“ zusammengefunden. Einige Kollegen haben bereits einschlägige Erfahrungen in gramvoller Bitternis hinter sich und mokieren sich über seine Unwissenheit. Die Mehrzahl aber stellt die Ohren auf Empfang. Dann wollen auch die von unfreundlicher Erfahrung gebeutelten Kollegen nicht zurückstehen und berichten von gerichtlichen Leidenswegen in jenem jahrhundertalten Bauwerk. Das alles ist so haarsträubend interessant, daß ganz spontan der Beschluß gefaßt wird, den Rechtsanwalt zu einer außerordentlichen Sitzung des Kreises zu bitten. Er soll einen Vortrag „Erfolgreicher Abfindungspoker beim Arbeitsgericht“ halten. Außerdem soll ein informeller Arbeitskreis mit Erfahrungsaustausch über Entlassungsstrategien implementiert werden. Die beiden letzten Wortungetüme hatte einer der Kollegen auf einem Seminar aufgeschnappt.

Auf diese Weise verhieß der zu Beginn in ziemliches Grau gehüllte Tag wohlgemuten Auftrieb für Unternehmerlust anstelle von Verdruß und Frust.

Zweite Begebenheit

Am Tage vor Johannis 1983
Auf Arbeit und Leistung kommt es nicht an!

Johannistag ist am 24. Juni eines Jahres und wird auch in manchen Gegenden dieses unseres Landes oder anderer Länder gefeiert. Es war am Tage davor, als im Jahre 1983 jenes Urteil eines hohen Gerichtes dieser Republik erging, das zusammen mit nachfolgenden Erkenntnissen in den letzten Jahren Gegenstand teils karikaturhafter, teils wissenschaftlicher, teils besorgter Auseinandersetzung mit der höchstrichterlichen Rechtsprechung des Bundesarbeitsgerichtes war.

Nicht in den Niederungen der Gerichtsbarkeit bewegte man sich an jenem Tage freundlich wärmlichen Wetters – wie gesagt: am Tage vor St. Johannis 1983. Wohlgemut, nicht frohgemut – wer begibt sich auch schon froh an eine Gerichtsstelle – zog man nach Kassel-Wilhelmshöhe, dem Sitz jenes höchsten deutschen Gerichtes in Arbeitssachen. Personaldirektor Vollmuth und sein Rechtsanwalt Trutzig vom Arbeitgeberverband wähnten sich sicher mit ihrem wasserdichten Fall – so heißt das unter Juristen (vermeintlich rechtskundige Leute), wenn der Prozeß nur zu gewinnen, nicht aber zu verlieren ist.

Zweiundeinhalb Jahre lang hatte sich der Streit um die Entlassung des Türken Mehmet Ali Bediz nun schon durch die Instanzen gezogen, um nicht zu sagen, dahingeschleppt. Das lag noch durchaus in der Zeit, wie Trutzig versicherte. Vor dem örtlichen Gericht hatte man wie immer mit dem Fall keine Gnade gefunden. Aber das Landesarbeitsgericht hatte die Sache dann geradegebogen. Es war ein alter Fuhrmann bei dem Obergericht, dem die Schwierigkeiten in den Niederungen betrieblichen Geschehens nicht fremd waren. Er hatte die Kündigung wegen Krankheit aufgrund der zwar bedauerlichen, aber viel zu hohen Fehlzeiten als Rechtens bestätigt. Leider war der Türke in die Revision gegangen. Nun hing die Sache hier auf der Wilhelmshöhe in Kassel. „Bei Gericht gibt's immer nur ein Urteil, aber kein Recht", hörte der Personalmann heiter den Anwalt schwätzen, als sie des imposanten Bauwerkes ansichtig wurden.

Grademal zwei Jahre und zwei Monate war Bediz beschäftigt gewesen, als Vollmuth den Entschluß zur Kündigung Ende 1980 faßte. Da konnte nicht viel passieren; denn der Türke war unheimlich oft und lange krank gewesen. Schon 1979 im ersten Jahr hatte er drei Fehlzeiten und hatten sich insgesamt 69 Tage aufsummiert. Damals hätte er schon kündigen sollen. Aber wie immer: die Rücksicht auf seinen Betriebsrat und insbesondere dessen Vorsitzenden! Dann hatte sich das Jahr 1980 mit drei weiteren Fehlzeiten eingestellt: da waren nochmals 71 Tage angefallen. Bediz war zwar schon 49 Jahre alt; aber das war denn zuviel. Es waren ja nicht nur die 140 Fehltage – immerhin ein Drittel der Arbeitstage in den zwei Jahren seiner Beschäftigung. Hinzu kamen die rund 17 000 DM Lohn für die Krankenzeit. In zwei Jahren insgesamt sieben Monate gefehlt und bezahlt bekommen. Außerdem mußte man die sechs Wochen Urlaub dazurechnen – für jedes Jahr! Das alles hatte sich für den Betrieb mit immerhin einigen hundert Beschäftigten als unzuträglich erwiesen. Zugegeben – Bediz war schon etwas älter, verheiratet und hatte drei Kinder zu versorgen; aber einmal hatte die geübte Rücksichtnahme ein Ende.

Ein Ende nahm auch dieser Tag – ein Tag vor St. Johannis; allerdings ein schlimmes Ende gänzlich unerwarteter Art für Personaldirektor Vollmuth. Die fünf Richter des Senates – so die Bezeichnung eines Richtergremiums bei den oberen Bundesgerichten – hatten völlig andere Vorstellungen von Recht und Arbeit als ihre Kollegen vom Landesarbeitsgericht. Zu Vollmuths großem Erstaunen und auch Trutzigs leichtem Entsetzen kam es auf die Fehlzeiten und das viele Geld überhaupt nicht an. Dieses seien, so meinten die Richter, noch keine unzumutbaren betrieblichen Beeinträchtigungen. Entscheidend sei, ob damals vor zweieinhalb Jahren bei der Kündigung mit weiteren häufigen Ausfallzeiten zu rechnen gewesen wäre. Gerade dieses aber sei hier nicht der Fall; denn der Kläger, gemeint ist Bediz, habe doch von Anfang an behauptet, er sei zum Zeitpunkt der Kündigung wieder völlig gesund gewesen, was auch der behandelnde Arzt jedenfalls teilweise bestätigt habe. Wenn weiteres Fehlen nicht zu besorgen sei, könne man nicht kündigen.

Verwirrt warf Vollmuth fragend ein, ob er denn Bediz nach der Kündigung hätte weiterbeschäftigen müssen, bis sich weitere Krankheiten und Fehlzeiten einstellten. Er sei schließlich kein Hellseher, und das sei alles recht widersinnig. Trutzig ergänzte, für den Betrieb sei das Fehlen in den zwei Beschäftigungsjahren und die 17 000 Mark maßgebend. Aber nicht doch, beharrte das Richterkollegium auf seiner Meinung. Allein wichtig sei, ob zum Kündigungszeitpunkt weitere häufige Fehlzeiten zu befürchten seien. Und dieses müsse eben durch ein Gutachten des behandelnden Arztes oder ein arbeitsmedizinisches Gutachten im Prozeß geklärt werden. Denn weder ein Laie noch ein Richter seien dazu in der Lage. Der Arzt habe schließlich gesagt, mit weiteren häufigen Ausfällen sei damals eben nicht zu rechnen gewesen.

Trutzig raffte sich schließlich trotz aussichtsloser Lage zu längerer rechtlicher Argumentation auf – schon allein, um Vollmuth durch seinen Einsatz zu beeindrucken und nicht im Regen stehen zu lassen. Kern arbeitgeberinteressenschwangerer Ausführungen war: Das Arbeitsverhältnis beruhe nach Gesetzeswortlaut auf einem Austausch von Leistungen, nämlich Arbeit gegen Geld. Dieses Verhältnis von Leistung und Gegenleistung sei hier nicht mehr ausgewogen. Mit insgesamt sieben Monaten Fehlzeit nebst 17 000 Märkern Lohnfortzahlung innerhalb bloßer zwei Jahre sei der Gipfel an Unzuträglichkeit und Unverträglichkeit auf seiten der Firma erreicht.

Überlegen und eifernd tönte es dagegen vom Richtertisch: Das Fehlen eines ausgewogenen Verhältnisses von Leistung und Gegenleistung könne eine Kündigung nicht rechtfertigen. Nur ein Sachverhalt, der die betrieblichen Interessen unzumutbar beeinträchtige, rechtfertige eine Kündigung. Und davon könne hier noch keine Rede sein. Zu Unrecht habe deswegen das Landesarbeitsgericht die Kündigung bestätigt. Man werde dessen Urteil aufheben und den Rechtsstreit zur weiteren Sachverhaltsaufklärung an das Landesarbeitgericht zurückverweisen.

So endete dieser Tag für Vollmuth mit einem Schlag ins Kontor seines bescheidenen Rechtsverständnisses. Benommen und wortkarg in sich gekehrt, verließ er mit Trutzig, dem reichlich unwohl war, das hohe Gericht. Doch sollte es noch viel schlimmer kommen – fast ein Jahr später im April 1984.

Da standen die beiden Strategen eines nicht schönen Tages wieder vor dem Landesarbeitsgericht, das über den Fall erneut zu befinden hatte. In der Zwischenzeit war das Urteil aus Kassel-Wilhelmshöhe geschrieben und an alle Beteiligten verschickt worden. Da hieß es schwarz auf weiß in mehr oder weniger verständlichem Juristendeutsch: „Voraussetzung einer sozial gerechtfertigten krankheitsbedingten Kündigung ist nicht das Fehlen eines ausgewogenen Verhältnisses von Leistung und Gegenleistung, sondern das Vorliegen eines Sachverhaltes, durch den die betrieblichen Interessen unzumutbar beeinträchtigt werden." Dieses und der Wortlaut des höchstrichterlichen Urteiles im übrigen war Wasser auf die soziale Mühle gerade dieser Kammer des Landesarbeitsgerichts. Es war nämlich ein anderes dreispänniges Richterkollegium – eine Kammer in neuer Besetzung, die über den Fall nunmehr und abschließend zu entscheiden hatte.

Der Kammervorsitzende machte überhaupt keinen Hehl daraus, daß die vor fast vier Jahren ergangene Kündigung aufgrund der Urteilsvorgaben aus Kassel unwirksam sei. Auf die Fehlzeiten und die Lohnfortzahlungskosten komme es nicht an. Nach ärztlicher Auskunft hätte der Betrieb damals bei Kündigungsausspruch keine weiteren Fehlzeiten befürchten müssen. Entweder man vergleiche sich oder es gebe ein neues Urteil, wonach das Arbeitsverhältnis wegen Unwirksamkeit der Kündigung fortbestehe; Bediz müsse dann wiedereingestellt werden.

Der gerade in dieser Situation , aber auch sonst äußerst gewiefte Gewerkschaftssekretär Hartweg zog für seinen Mandanten Mehmet Ali Bediz alle Register. Als Trutzig die Zahlung einer Abfindung von immerhin 10 000 Mark vergleichsweise anbot, hielten beide ihm kühl entgegen, es gehe um den Arbeitsplatz und nicht um Geld; Bediz wolle wiedereingestellt werden und eine Abfindung von 24 000 DM, den steuerfreien Höchstbetrag, haben. Direktor Vollmuth, dem alles viel zu schnell gegangen war, lehnte völlig entnervt ab. Mit kaufmännischer Geschäftsmäßigkeit erwiderte Hartweg, mit einem Urteil sei Vollmuth wohl kaum gedient. Dann müsse er Bediz wieder beschäftigen und dazu noch den gesamten Lohn für fast vier Jahre nachzahlen.

Trutzig, die Erschrockenheit und Verwirrung seines Mandanten erfassend, beantragte Unterbrechung der Verhandlung zwecks Beratung. Rechtlich sei, so erläuterte er dem fassungslosen Personalmann, das resolute Vorgehen der Gegenseite nach dem Sieg beim Bundesarbeitsgericht verständlich. Bediz habe nichts zu verlieren und könne die Bedingungen diktieren. Er wolle einen sogenannten Wiedereinstellungsvergleich. Da werde das Arbeitsverhältnis aufgrund der Kündigung zum November 1980 wie vorgesehen beendet. Bediz werde ab Mai 84 wieder eingestellt und bekomme die Abfindung. Damit werde der Verlust an Nettolohn während des

Bezuges von Arbeitslosengeld und -hilfe ausgeglichen. Die andere Rechnung sehe bei einem Urteil so aus, daß Bediz für fast vier Jahre den vollen Bruttolohn erhalte – immerhin knappe 150 000 DM bei 2 000 DM Monatslohn und bescheidenen 50% Lohnnebenkosten. Selbstverständlich müßten davon Arbeitslosengeld und -hilfe an das Arbeitsamt erstattet sowie Lohnsteuer und Sozialbeiträge abgeführt werden. Das ändere aber nichts daran, daß die Firma zahlen müsse; an wen, sei schließlich egal. So mache man in dieser mißlichen Lage immerhin noch ein Geschäft von etwa 120 000 Märkern; zugegeben, Bediz komme voll auf seine Kosten.

Das alles war reichlich unfreundlich, was die Gegenseite da mit des Gerichtes Hilfe servierte. Vollmuth und Trutzig blieb nichts anderes übrig, als diese Wendung anfangs verheißungsvoller Dinge wenig beglückt zur Kenntnis zu nehmen. Nach Protokollierung billigten sie resignierend den Wiedereinstellung und Abfindungszahlung beinhaltenden Vergleich durch Rumpfbeugung und Kopfnicken gegenüber dem Richterkollegium. In fast übertriebener Höflichkeit schüttelte Trutzig seinem Prozeßgegner verabschiedend die Hand – zum Erstaunen Vollmuths, der sich schwor, keine alten Leute mehr einzustellen, Kranke sofort – koste es, was es wolle – zu entlassen und mit Trutzig, der die Sache vermasselt hatte, ein Hühnchen zu rupfen: gegebenenfalls Verbandsaustritt.

Dritte Begebenheit

Direktor Vollmuth ballt die Faust, läßt die Hand aber in der Tasche.

Anwalt Trutzig hat das Blechkleid seines flinken Straßenhirsches mit dem Betonkäfig seines Verbandszimmers – liebevoll sein „phrontistaerion“ (Grübelbude) genannt – gewechselt. Damit ist nicht die Räumlichkeit auf einem Verbands- oder Hauptverbandsplatz in einem der unseligen Kriege gemeint. Es ist Trutzigs Arbeitszimmer im Verband, wenn auch er dort fortlaufend Blessuren verbindet, die Gesetzesunwesen, Ungerichtsbarkeit und das Tarifkartell dem angeblich freien Unternehmertum schlagen. Sein Blick fällt wie immer auf das Theater von Epidaurus an der Wand gegenüber – eine schöne Großaufnahme in Schwarzweiß mit vollendeter Perspektive des Halbrunds, von oben herab in die Orchestra gezielt. Die Arbeit einer Berufsphotographin aus jungen Jahren.

Auf den schnarrenden Brummton zur Linken folgt automatisch der Griff zur Taste. Durch die Sprechanlage tönt die aufgeregte Stimme von Vollmuth.

„Ich muß Sie sprechen, und zwar dringend. Bediz ist wieder im Betrieb. So etwas hat es in unserer bald 175jährigen Firmengeschichte noch nicht gegeben. Da gab es für mich nichts zu verheimlichen. Die Sache ist zum Vorstand hochgeschwappt.“

„Wieso die Aufregung? Macht Bediz Theater? Gibt es streikartige Sympathiekundgebungen im Betrieb?“

„Ach woher! Da sind doch bald vier Jahre vergangen. Den kennt doch keiner mehr. Der ist ganz friedlich und arbeitet. Aber der Betriebsleiter, Sie kennen doch diese Betriebsfürsten, der sieht Rot und hat die Sache nach oben gegeben. Ich muß Sie sprechen."

„Na – dann kommen Sie."

„Wie? Sofort? Es ist doch schon vier Uhr. Da ist doch Schluß!"

„Nicht bei uns. Ich gehöre zu den leidenden Angestellten mit Acht-Stunden-Tag – von acht bis acht."

„Das sind ja zwölf Stunden. Ach – sind Sie witzig. Aber das wird Ihnen noch vergehen."

Bei seiner Ankunft wird Vollmuth von vorgewarnter Telefonistin am Empfang durch die monumentale Eingangshalle vorsichtig in das Besprechungszimmer manövriert. Trutzig schwant Ungutes, als er aktenbewehrt – fast sein ganzes Büro unter dem Arm schleppend, wie er zu sagen pflegt – eintritt. Er beschließt, in die Offensive zu gehen, und fährt Vollmuth an.

„Das war nicht nett von Ihnen! Bei der Verbandsgeschäftsführung – und dann noch dem Hauptgeschäftsführer, meinem Vorgesetzten – haben Sie sich beschwert. Hinter meinem Rükken! Das ist nicht die vornehme englische Tour. Ich kann beim besten Willen nichts für den jammervollen Ausgang des Prozesses. Sie kennen doch den Spruch des von mir hoch geschätzten, leider zu früh verstorbenen Richters an einem der Obergerichte: ‚Niemand kann so dumm denken, wie ein Richter entscheiden.' Damit machte der den Parteien seine Vergleichsvorschläge schmackhaft."

„Das hilft uns im Betrieb wenig. Sie haben sich in der Sache nicht genug ins Zeug gelegt. Wir haben die Akten unserem Hausanwalt gegeben. Ich war bei ihm. Der hat die Hände über dem Kopf zusammengeschlagen. Der hat einfach auf § 611

BGB gezeigt, wo es eindeutig heißt: Wer Dienste zusagt, ist zur Leistung der versprochenen Dienste, der andere Teil zur Gewährung der versprochenen Vergütung verpflichtet. Ich habe mir das hier notiert, um es Ihnen zu sagen. Eine Menge ähnlicher Bestimmungen hat er noch aufgezählt. Überall ist von Arbeit und Geld die Rede. Und dann hat er die ‚Oma' Gewerbeordnung, so drückte er sich aus, hervorgeholt. Das ist ja schon ziemlich alt, das Gesetz; daher die ‚Oma'. Im § 121 steht eindeutig, daß Arbeitnehmer den Anordnungen der Arbeitgeber in Beziehung auf die ihnen übertragenen Arbeiten Folge zu leisten haben. Das Arbeitsverhältnis ist von Arbeit und Leistung bestimmt – meinetwegen fremdbestimmt, wie man in verbohrtem Soziologendeutsch schlaumeiert."

Mit Nachdruck beißert er sein Gegenüber an.

„Für ordentliche Arbeit gibt es bei uns auch gutes Geld. Wenn aber einer erst zwei Jahre da ist, in der Zeit sieben Monate fehlt und währenddessen Moos kassiert – ganze 17 000 Märker –, dann hört der Spaß auf. Das hätte dem Gericht massiv verbraten werden müssen. Und im übrigen: auf diese gerichtlichen Verrücktheiten hätten Sie mich vorbereiten müssen. Ich bin da aus allen Wolken gefallen. Na ja – es heißt ja auch Kassel-Wilhelmshöhe. Nebenbei, um es Ihnen gleich zu sagen, wir treten aus – ich meine: aus dem Verband!"

Vollmuth schnappt mit dieser Offenbarung nach Luft, greift etwas zittrig zur Kaffeetasse, was Trutzig zum Gegenangriff nutzt.

„Daß wir im Verband von Hausanwälten der Mitgliedsfirmen kontrolliert werden, weiß niemand besser als ich nach zwanzig Jahren Dasein als Zinsknecht des Kapitalismus. Zugegeben – ich bin einiges gewohnt, aber mit dieser katastrophalen Wendung des Falles hatte ich nicht gerechnet. Das müssen Sie mir nachsehen. Aber so schlecht bin ich nicht. Den nächsten Fall hat das Bundesarbeitsgericht ebenso entschieden: fast auf den Tag genau fünf Monate später, am 24. November des vergangenen Jahres. Den Rechtsstreit hat ein 17000-Mann-Betrieb aus Bochum geführt; ich nehme an – Opel. Was denken Sie, was die für Spitzenjuristen an so einen Fall setzen. Und bei den Fehlzeiten gehen Ihnen die Augen über. Ich habe für meine nächste Info, da haben sich schon 300 Leute angemeldet, einen Fehlzeitenspiegel von dem Fall gemacht."

Er wühlt hastig im Papier herum und zieht eine Folie für den Lichtschreiber mit dicken Buchstaben, Zahlen und Prozentsätzen hervor. Vollmuth ist beeindruckt, will etwas von sich geben, doch Trutzig eifert weiter.

„Der Mann, diesmal ein Spanier, war vier Jahre beschäftigt und fehlte in jedem der Jahre jeweils 92, 89, 92 und 79 Tage, und zwar Arbeitstage. Hier, sehen Sie sich das Zahlenwerk an. Das waren in jedem Jahr um die 40% der Arbeitszeit; und dann noch 32 000 DM Lohnfortzahlung – etwas mehr als Ihre mikrigen 17 000 Märker. Denken Sie, das Gericht hätte gesagt: ‚Nun ist das Maß voll'? Die haben gebeckmessert, es sei der Hausarzt nicht als Zeuge gehört und kein Sachverständigengutachten eingeholt worden. Der Arbeiter hatte nämlich behauptet, er sei – etwas übertrieben gesagt – kerngesund. Arbeits- und Landesarbeitsgericht hatten beide diesmal der Firma, also Opel, recht gegeben. Manchmal sind die bei den Untergerichten gar nicht so schlecht. Die Kündigung war in Ordnung – doch nicht für ein hohes Bundesarbeitsgericht! Die Vergangenheit zählt nicht, es kommt auf die Zukunft an! An der Sozialduselei dieses Gerichtes kann ich nichts ändern. Das ist eben neue Rechtsprechung – jedenfalls zu den häufigen Kurzerkrankungen, soweit ich das sehe. Da können Sie und Ihr hochwohllöblicher Vorstand mir nicht an die Karre fahren."

Trutzig ist in seinem Element. Hat er doch schon auf mehreren Seminaren diese Rechtsprechung wortreich gegeißelt. Sprudelnd will er fortsetzen, hält jedoch inne, weil sein Gegenüber ansetzt.

„Die Leute können also krank sein, soviel sie wollen. Wenn ich deswegen kündige und sie behaupten, nun urplötzlich gesund zu sein, dann muß ein Sachverständiger dazu gehört werden. Na, was der sagt, ist doch klar. Der wird immer sagen, der Mann ist gesund. Und das dauert doch seine Zeit, bis so ein Gutachten beim Gericht gelandet ist. Da treibe ich als Betrieb ja monatelang im Ungewissen herum."

„Ja – und beim LAG, wenn's weiter geht, wird noch ein Obergutachten eingeholt, und dann spätestens können Sie den Mann mit einer Abfindungszahlung wiedereinstellen."

„So ein kranker Mann hat dann praktisch Beamtenstatus wie die Richter. Eigentlich müßte ich Hellseher sein, bevor ich kündige."

„Oder auf den Parnaß steigen."

„Wie bitte? Was ist das denn?"

„Ein Gebirge in Griechenland. Da, wo die Pythia über dem Dreifuß hockt. Das Orakel in Delphi."

„Ach, ich erinnere mich, lange her. Ich habe nur das Einjährige geschafft, damals im Krieg, und dann ab an die Front. Ich kann Ihnen was sagen. Aber wir schweifen ab. Noch mal zum Urteil zurück. Die Leute da, die haben mit Sicherheit Abitur. Wenn die da so einen Satz schreiben, es komme auf ein ausgewogenes Verhältnis von Leistung und Gegenleistung nicht an. Das heißt doch, Arbeit und Leistung spielen absolut keine Rolle. Mit den beiden Kriegen müßte auch denen doch klar sein, daß wir Deutsche nur unserer Hände Arbeit und sonst nichts haben: keine Rohstoffe und kein Material; allenfalls das

Menschenmaterial, das verheizt worden ist. Da waren die Russen Meister – im Verheizen; aber die hatten, woher auch immer, noch Rohstoff und Material im Rücken – vor allem die Ölquellen. Die müssen da oben doch etwas Erdkunde und Geschichte gehabt haben. Aber vielleicht haben die nur ein Notabitur. Nun, ja – alles länger her. Jetzt bin ich es, der abschweift."

Vollmuth ist ganz ruhig, seine Stimme vernehmlich schwächer geworden. Es dämmert draußen. Durch die riesige Glaswand verläuft sich sein Blick draußen im Grünen und landet voller Nachdenklichkeit bei der großen Agave. Trutzig ist fast am Ziel. Er hat Vollmuth erst mal ruhiggestellt. Der wird es sich schon noch überlegen mit seinem Austritt – aus dem Verband. Er weckt ihn aus seinen Gedanken.

„Nein, nein – das ist für mich sehr interessant, was Sie da sagen. Da kann man noch eins draufsetzen; nämlich das mit den Kosten. Sagt doch das Gericht in seiner unaussprechlichen Weisheit in dem Urteil, auf die Höhe der Lohnfortzahlungskosten komme es erst an, wenn dadurch andere Arbeitsplätze oder gar der Bestand des Betriebes gefährdet seien. Ein Fall absoluter Betriebsblindheit bei den Richtern. Und die Kriegsverhältnisse, die sie erwähnten. Wissen Sie, daß es damals im Großdeutschen Reich Millionen von Fremdarbeitern gegeben hat – Lohnsklaven im wahrsten Sinne des Wortes. Heute sind es die Gastarbeiter, die wir für die Dreckarbeit in den Gießereibetrieben und für unseren grandiosen Einstieg in die 35-Stunden-Woche brauchen. Das alles haben mitgemacht und machen wieder mit – auch die Unternehmer."

„Da darf man nicht drüber nachdenken", sinniert Vollmuth, „zumal jetzt, wo der Metallstreik total vergeigt worden ist. Ja – an dieses unser Jahr 1984, da wird man in diesem unserem Lande in künftigen Jahren noch lange Nachdenkliches spinnen." Fast sanft ist seine Stimme geworden.

Jetzt ist sich Trutzig sicher: Der Mann tritt nicht aus. Er nimmt den Faden auf: “Klingt nach Orwell. Doch als einen solchen Pessimisten kenne ich Sie nicht. Sie meinen wohl, der Höhenflug, in den sich alle in mittelalterlicher Verblendung hineinsteigern, nimmt ein etwas anderes, unerwartetes Ende. Dem Absturz müssen Sie vorbeugen, damit die Kosten den Betrieb nicht auffressen.“

„Was soll ich denn machen?“ Listig will er sich für die ihm ziemlich widrige Entlassungsaktion eine Bestätigung holen und zugleich sich rechtlicher Hilfestellung bei Trutzig versichern. Der soll was tun für die hohen Mitgliedsbeiträge an den Verband.

„Sie wissen ja“, ziert er sich in sozialem Anstrich, der aber, was Trutzig nicht weiß, tatsächlich echt ist, „von Entlassungen größeren Umfanges haben wir bisher immer abgesehen. Aber die Lohnfortzahlung bei Krankheit frißt immer tiefere Löcher. Da steht eine Menge vergleichbarer Fälle an. Ich kann doch nicht mit allen nach Kassel reisen? Und dann noch vier Jahre warten und die Leute wiedereinstellen! Oder?“

Trutzig gibt sich beratend fachmännisch in seiner Antwort: „Zunächst einmal durften Sie, entschuldigen Sie vielmals, wenn ich das so offen sage, den Bediz mit seinen 48 oder 49 Jahren nicht einstellen. Dann durften Sie ihn nicht so lange beschäftigen, nachdem er wiederholt krank war. Sie hätten eher kündigen müssen. Das muß künftig unabdingbare Richtschnur bei Neueinstellungen sein. Gutheit ist zu Hälfte Dummheit, jedenfalls im Personalwesen. Das sagte vor Jahren eine Betriebsratsvorsitzende, eine gestandene Frau im Vierhundert-Mann-Betrieb, zu mir. Im übrigen müssen Sie mal alle Leute ab einem bestimmten Fehlzeitenniveau – sagen wir zwei Monate in den letzten beiden Jahren – auflisten. Je nach Fehlzeitenumfang und -häufung müssen wir dann genug Geld anbieten, also Abfindungen, damit sie gehen; selbstverständlich in gegenseitigem Einvernehmen, ohne Rechtsstreit."

„Das kostet aber eine ganze Menge. Können die dann nicht doch zum Gericht gehen?"

„Freilich im Augenblick kostet es. Wir sind ja keine Politiker, die kurzfristig-kopflos handeln. Auf die Dauer machen Sie ein Geschäft. Und wer unterschreibt, der bleibt. Der Arbeitnehmer ist mündig, der Arbeitnehmer ist weise, der Arbeitnehmer braucht nicht aufgeklärt zu werden – so noch der gegenwärtige Stand der Rechtsprechung. Das sind Worte meines hochgeschätzten arbeitsrechtlichen Mentors Professor Dr. Gutlauf. Zu dem müssen Sie mal ins Seminar gehen. Sie können selbstverständlich auch zu einem Seminar eines Richters vom Bundesarbeitsgericht gehen. Da interpretieren die ihre eigenen Urteile, wie der Professor immer abschätzig und verachtend höhnt. So macht der natürlich auch Reklame für sich."

„Dazu bin ich zu alt geworden. Und damit auch Zeit für einen alten Mann, nach Hause und ins Bett zu gehen."

Direktor Vollmuth wuchtet sich aus dem Sessel: „Herr Rechtsanwalt...."

„Wollen Sie mich veräppeln?" Trutzig federt hoch, nimmt theatralisch Haltung an: „Bitte ohne Titel und Ehrenbezeugungen!"

„Hṃ...naa...jaaa...ich denke mal", beide blicken sich voll an, und Vollmuth stochert in Worten herum, „es war gut, daß ich gekommen bin und wir zusammen einen Weg gefunden haben. Schade für die Leute. Ich bin da, das können Sie nicht wissen und spielt auch keine Rolle, in einer etwas anderen Richtung befangen. Ich weiß jetzt, was zu tun ist. Vielen Dank. Und ich rufe Sie an. Wir sprechen die Einzelheiten ab."

Die große Halle, durch die beide geschafft und schrittverzögernd dem Nebenausgang zusteuern, breitet sich in spärlich gedimmter Ausleuchtung vor ihnen hin. Spät ist es geworden und draußen bald ganz dunkel.

„Nochmals vielen Dank." „ Aber bitte, dafür bin ich da. Vorsicht auf den Stufen! Warten Sie, ich mache das Licht an!"

Vierte Begebenheit

Abfindungspoker beim Arbeitsgericht
Erfolgreich kündigen und Personalkosten sparen

Es steigt die erste der hoffnungsvoll geplanten und hoffentlich teilnehmerfüllenden Veranstaltungen, die das „Forum Personal und Arbeitsrecht" rührig auf den späten Nachmittag angesetzt hat.

Düsenantriebsartig war der Schub, mit dem der Aktionskreis „Nach Feierabend zum Einkaufsabend" die bis dahin institutionell vernachlässigten Interessen der Kaufmannschaft von Biederstadt in die Sphäre neuen unternehmerischen Selbstverständnisses hob. Zum Entsetzen alteingefahrenen stadtbehördlichen Schlendrians der Tu- und Machnixe hatten sich Arbeitskreise gebildet, die sich bei jedweder auch nur in den Ansätzen erkennbaren, willkürhaften Amtsanmaßung aggressiv mausig machten.

So hatte sich denn auch das „Forum Personal und Arbeitsrecht" gegründet. Dazu hatte man Rechtsanwalt Dr. Rathrasch um Hilfestellung gebeten. Er hatte nicht nur Hebammendienste geleistet, sondern auch Pate gestanden, als es um Namensgebung und Eitelkeitsbefriedung bei der personellen Besetzung der Forumsleitung ging.

Rathrasch soll auch, wie seinerzeit vom Aktionskreis beschlossen, den Vortrag auf dieser ersten Veranstaltung halten. Immerhin schon knappe hundert Interessenten haben sich eine Viertelstunde vor Beginn in den bequemen Sesseln des Vortragssaales niedergelassen oder stehen nach Platzsicherung grüppchenweise beieinander. Das reißerisch-provokativ aufgemachte Thema „Erfolgreicher Abfindungspoker gegen Kündigungsscheu" hatte augenfällig seine Wirkung nicht verfehlt.

Sogar Rechtsanwalt Muesal vom örtlichen Einzelhandelsverband, den man höflichkeitshalber in der Hoffnung auf sein Nichterscheinen eingeladen hat, gibt sich die Ehre. Er wittert Konkurrenz. Hat sich doch dieser Anwalt – zudem ein Promovierter – in sein ureigenstes Revier eingeschlichen: die arbeitsrechtliche Betreuung seiner Mitgliedsfirmen. Von denen sind auch nicht wenige erschienen, so daß er Mißmut und Mißgunst unterdrückend nach allen Seiten hin kopfnickenderweise Grüße zu entbieten hat. In verbiesterter Bewunderung schweift sein Auge über die einladend gestaltete Räumlichkeit hin. Hier macht Sitzen, Zuhören und Vortragen Spaß. Das kann er als Alleinunterhalter in seinem Verband nicht bieten. Ja – mit dem Einzelhandel, mosert er im Stillen vor sich hin, ist viel nicht mehr los. Die Umsätze sind im Keller gelandet, Löhne und Gehälter bilden das Schlußlicht in der Tarifskala und die Tarifpolitik wird von den Großen gemacht.

Verwundert stellt er fest, daß auch von den großen Kaufhäusern die Personalleute da sind. Nur der Personaldirektor, so nennt er sich, vom Kaufhof hält würdevollen Abstand vom Geschehen. Er hat seine Sekretärin entsandt. Und da taucht auch noch die neue Assessorin vom Industrieverband auf. Ein ausnehmend hübsches Kind, wenn auch etwas klein trotz der hohen Hacken, auf denen sie figürlich betont und gekonnt einherbalanciert. Sie soll ein kleiner Drache sein, der Feuer speit und vor dem die Richter hinter der Theke in Deckung gehen. Na klar – Aushängeschild ist sie da oben in dem Clan von Männern. So etwas braucht man heutzutage im femininschwangeren Zeitalter. Dafür haben die auch Geld in der Industrie und ihren Verbänden.

Schnell ist die Zeit unter diesem teils abschweifenden, teils ausschweifenden Gedankengekräusel dahingeronnen. Muesal sammelt sich, als langsam einsetzend die murmelige Geräuschkulisse in der Tiefe des Raumes dahinschwindet. Der Beginn der Veranstaltung kündigt sich an.

„Die Zeit vergeht und viel zu schnell ist nichts gesagt. Meinen Gruß und Dank zuvor an all jene, denen die Mühe des Erscheinens allhier nicht allzu beschwerlich gefallen ist.“ Mit diesen launigen Worten zur Eröffnung spricht Herr Sparsam, Inhaber des ortsansässig ältesten Geschäftes und Forumsleiter, die illustre Gesellschaft an. In geziemenden Worten stellt er Dr. Rathrasch als profunden Kenner der Materie und gewieften Führer durch den Irrgarten rechtlicher und richterlicher Knebelpraktiken zwecks Ausschaltung des Restbestandes freier unternehmerischer Betätigung vor. Langanhaltender Beifall begleitet Rathrasch, als er behende sich fliegenden Schrittes zum Rednerpult begibt.

Ebenso locker wie Sparsam beginnt er nach schnörkelvoll devoter Anrede der zu ihm erwartungsvoll aufblickenden Zuhörerschaft seinen Vortrag mit der provokanten Frage: „Abfindungspoker, Abfindungszahlungen – ja die Abfindung als Rechtsbegriff und Finanzierungsproblem – ist das auch eine Ausgeburt des unerschöpflichen Erfindungsreichtums unserer schon viel zu lang amtierenden schwarzen Regierung? Oder gar eine Erfindung der roten vorher? Die farblichen Anhängsel in Gelb oder gar vielleicht mal Grün lasse ich außen vor. Das Abfindungsgesetz – so wird das Kündigungsschutzgesetz in der Praxis oft genannt – datiert in seinen Anfängen aus 1920. Sie staunen, aber es war Bestandteil des Betriebsrätegesetzes der unglücklichen Weimarer Republik. Und schon damals hieß es, daß der Arbeitgeber bei ungerechtfertigter Kündigung den dagegen klagenden Arbeitnehmer entweder wiedereinstellen oder ihm eine Abfindung zahlen muß. Und um auf den Grund der Sache gleich zu Beginn hier zu kommen, nämlich das Geld: pro Jahr Beschäftigung war ein Monatseinkommen zu zahlen – genauer gesagt: ein Betrag bis zu einem Monatseinkommen. Die Gesamtsumme war allerdings auf sechs Monatseinkommen begrenzt. Da jede oder fast jede Kündigung mit dem Makel von Unternehmerwillkür behaftet und daher ungerechtfertigt ist, muß auch immer eine Abfindung gezahlt werden."

„Da wird man ja arm!" tönt es vorwurfsvoll aus dem Hintergrund. „Ich kann doch rausschmeißen, wen ich will", wird weiter vorn gerufen. Grummelnder Widerspruch erhebt sich und verstärkt sich bis zu dem hörbaren Einwand: „Aber nur mit einem Sack Geld."

„Ja", bestätigt Rathrasch, „ich sehe, viele von Ihnen haben leidvolle Erfahrung hinter sich." Er erläutert den Inhalt des Kündigungsschutzgesetzes, das für Betriebe mit sechs und mehr Arbeitnehmern gilt; betont die Kündigungsfreiheit während der ersten sechs Beschäftigungsmonate. Damit Schläfrigkeit nicht aufkommt, spricht er von „Sex-Fräukes" im Laden und „Sex-Beschäftigungsmonaten", womit er Gelächter einheimst. Mit solchen Wortspielereien rüstet er seine Zuhörer für das schwierige Verständnis der Kündigungsgründe auf. Nur aus Gründen, die in der Person des Arbeitnehmers oder in dem Verhalten des Arbeitnehmers oder in den betrieblichen Verhältnissen lägen, könne der Arbeitgeber kündigen, doziert er, weitschweifig und gestelzt den Gesetzestext erläuternd.

„Das – meine Damen und Herren – sind, wie die Gerichte sagen, unbestimmte und auslegungsbedürftige Rechtsbegriffe. Wer wie Sie, meine verehrten Damen und Herren, gestaltend in Betrieb und Personal wirken muß, bezeichnet sie als lästige Hemmnisse auf dem Wege zu einer effizienten Betriebs- und Personalführung. Denn die Rechtsprechung – das Bundesarbeitsgericht an der Spitze – hat diese Begriffe in sozialingenieurhaftem Gebahren zu einer Entlassungssperre aufgebaut, die nur mit viel Geld zu durchbrechen ist."

„Da malen Sie aber etwas zu schwarz", ruft einer, die Hand aufhebend, dazwischen.

„Danke für Ihren Einwurf, Sie hatten also hier beim Arbeitsgericht ein Erfolgserlebnis. Glück gehört eben zum Geschäft. Und im übrigen – unterbrechen Sie mich ungeniert, meine Damen und Herren“, erwidert Rathrasch ermunternd, worauf der im Dreiteiler seriös sich erhebende Sprecher fortfährt: „Als beisitzender Richter beim hiesigen Arbeitsgericht kann ich nur sagen, daß betriebliche Interessen durchaus berücksichtigt werden und nicht einseitig geurteilt wird.“

Jetzt fühlt sich Muesal bemüßigt, als Verbandsmann etwas zu sagen. “Herr Doktor ...“, hebt er an, wird jedoch sofort von Rathrasch unterbrochen mit den Worten: „Ich bin kein Arzt und hier ist auch keiner.“ Unter raumfüllendem Gekicher und Glucksen meint er begütigend: „Sehen Sie mir den kleinen Spaß nach, mein Herr, und nennen Sie mich beim Namen.“

„Ja, ich wollte dem Herrn nur beipflichten. Die deutsche Arbeitsgerichtsbarkeit ist ein Hort friedvoller Auseinandersetzung und deswegen, wie neulich noch der Präsident des Bundesarbeitsgerichtes auf dem Arbeitsgerichtsverbandstag treffend bemerkt hat, ein positiver Faktor ersten Ranges in der leidigen Standortdiskussion. Wie Sie das hier machen, so kann man die Arbeitsgerichtsbarkeit nicht durch den Kakao ziehen.“

„Entschuldigung – dem erlauchten Kreis rechtsbeflissener Autoritäten gehöre ich nicht an. Das Bundesarbeitsgericht ist ja auch unter dem Namen ‚Ersatzgesetzgeber‘ bekannt. Ein verfemter Bonner Professor spricht sogar von ‚Sondergesetzgeber‘. Seine trauer-schwarz eingebundene Streitschrift, über zehn Jahre alt, müßten Sie mal gelesen haben! Leider vergriffen, soweit ich weiß. Im übrigen – wenn ich hier juristisch verbohrt vortrage, schläft alles ein, und das zu Recht. Und nun mache ich zur Verdeutlichung meiner Ausführungen die Raritätenkiste auf.“ Rathrasch gewinnt an Fahrt.

„Erster Fall: Ein tiefgründiges Erkenntnis oder Urteil des Landesarbeitsgerichtes aus jüngst vergangener Zeit. Frieda ist geschieden und gramgebeugte Mutter vierer noch unmündiger Kinder. Erst anderthalb Jährchen ist sie beschäftigt, als ihr wegen Krankheit an insgesamt 180 Arbeitstagen fristgerecht gekündigt wird. Diese Fehlzeit macht die Hälfte der Arbeitszeit aus. Das ist schon beeindruckend – nicht so für das Arbeitsgericht. Die Sache geht in die zweite Instanz. Das Landesarbeitsgericht hört drei der behandelnden Ärzte. Unzufrieden mit deren Auskünften, holt das Gericht ein arbeitsmedizinisches Gutachten ein. Zwar ist Krankheit ein Grund in der Person des Arbeitnehmers, der zur Kündigung berechtigt, wie sogar das Bundesarbeitsgericht in ständiger Rechtsprechung nicht müde wird zu betonen; aber die Fehlzeiten der Vergangenheit interessieren die Richter nicht. Es kommt allein darauf an, ob Frieda auch in Zukunft derart erheblich krank sein und fehlen wird, was nur ein ärztlicher Sachverständiger beurteilen kann. Dieser gerichtlich angerufene Sachverständige sagt, man höre und staune, Frieda sei kerngesund. Die vielen Fehlzeiten seien ihm unerklärlich. Hier solle man in Zukunft kritischer sein – ein vornehm zurückhaltender Wink des Arbeitsmediziners an seine Kollegen, etwas weniger Gefälligkeitsatteste auszustellen. So verliert die Firma auch in zweiter Instanz und muß Frieda, weil ein Abfindungsvergleich nicht zustande kommt, weiterbeschäftigen. Glauben Sie, die Firma stellt in Zukunft noch eine Frau ein? Und wenn es denn unbedingt sein muß, wird die Frau gleich bei der ersten Krankheit entlassen."

Rathrasch atmet tief durch. „Ja bitte – Wortmeldungen dazu? Ja – der Herr in der Mitte, links da. Damit soll nicht gesagt sein, Sie seien ein Linker. Nun?"

„Da entscheidet ja der Gutachter und nicht der Richter den Prozeß."

„Diese nüchterne Feststellung ist praxisnahe und goldrichtig", lobt Rathrasch. „Und das ist meistens so. Haben Sie schon mal einen Schadenersatzprozeß wegen Verkehrsunfalls oder undichten Daches im Neubau geführt? Das Gutachten ist von Interesse, nicht das Urteil. Von Psycho-Gutachten und der vorzeitigen Entlassung sexueller Sittenstrolche wegen guter Führung rede ich hier nicht. Strafrecht ist nicht mein Gebiet. Da hatte ich im Examen eine ‚Fünf' und wäre fast durchgefallen."

„Und nun zum zweiten Fall. Die Zeit drängt, wie schnell ist sie verplempert! Ein für jeden verständigen Arbeitgeber – aber auch Arbeitnehmer – einfacher, für das Bundesarbeitsgericht jedoch rechtlich höchst komplizierter Fall. Sie wissen, daß aus Gründen im Verhalten des Arbeitnehmers – besser gesagt: wegen vertragswidrigen Verhaltens – gekündigt werden kann. Hier ist der arbeitsunfähig erkrankte Arbeitnehmer, der seinem Arbeitgeber mit Lohnfortzahlung auf der Tasche liegt, in einem anderen Betrieb in der Nachtschicht tätig. Der Schrat arbeitet nächtens während seiner Krankheit in einem anderen Betrieb – sechs Stunden lang: Reinigen von Spritzboxen, in denen Fahrzeuge lackiert werden. Das alles gibt er auch zu. Der fliegt natürlich fristlos raus, macht den Flattermann."

Rathrasch läßt seine Hände in flügelschlagartiger Bewegung bis in Kopfhöhe aufsteigen, Gelächter greift um sich und er setzt, das Auditorium voll in seinem Bann, fort: „Der Firma war das gar nicht zum Lachen. Denn die Kündigung ist unwirksam – so das Arbeitsgericht in erster und Landesarbeitsgericht in zweiter Instanz. Vorwurfsvoll heißt es im Urteil des LAG, die Firma hätte den Schrat erst einmal abmahnen müssen, bevor sie kündige. Das Bundesarbeitsgericht, wo der Fall nach mehr als zwei Jahren endlich landet, zieht da keinen Schlußstrich und sagt: ‚So nicht!' Nicht einmal die fristgerechte Kündigung bestätigt es. Unter vielem Wenn und Aber wird der Rechtsstreit an das LAG zurückverwiesen. Ganz irre ist in dem Urteil das Erkenntnis, der Arbeitnehmer habe noch eine ‚Restarbeitsfähigkeit' gehabt – wohl wegen seiner nächtlichen Umtriebigkeit! Und es sei zu prüfen, so fährt das Gericht fort, ob er diese nicht im Hauptarbeitverhältnis hätte verwerten müssen. Sie stimmen mir sicher zu, meine Damen und Herren: höchst beachtlich diese höchstrichterliche Gedankenführung und Prägung eines für mich neuen Rechtsbegriffes!"

Rathrasch gefällt sich selbst und nicht nur dem staunenden Auditorium, wie er seine rhetorischen Register zieht und seine Angriffe auf die Absurdität allhöchster Rechtsprechung thesenartig in den Raum hineinnagelt. Er weiß: er kommt an.

„Na – und wenn Sie mich dann fragen – nach dem dritten gesetzlichen Kündigungsgrund, den sogenannten dringenden betrieblichen Erfordernissen! Wenn das Umsatzziel in weite Ferne gerückt oder die Auftragslage kläglich ist. Wenn sich dann aus rein betrieblichen Gründen das Entlassungskarussel dreht, müssen Sie die Junggesellen-Vernichtungs-Klausel beachten. Das Gesetz spricht von Sozialauswahl; das heißt, diejenigen mit dem geringsten Sozialgepäck müssen gehen: die jungen Leute, die noch nicht so lange da und ledig sind. Da müssen Sie aufpassen, daß aus Ihrem Kaufladen kein Altenheim wird – die älteren unter Ihnen entschuldigen bitte meine drastische Ausdrucksweise. Wenn Sie dann bestimmte Mitarbeiter für eine Entlassung – sogar zusammen mit dem Betriebsrat – ausgeguckt haben, wird Ihnen jedes Arbeitsgericht quer durch die Republik sagen, daß Ihre Sozialauswahl falsch ist. Es wird Ihnen sagen, Sie hätten Ihren Starverkäuferinnen Emma und Annette kündigen müssen, nicht aber Hulda und Frieda. Da fährt man Ihnen immer in die Parade, wenn Sie die Leistungsträger im Betrieb halten wollen. Denn Leistung zählt nicht, jedenfalls nicht im Arbeitsrecht und wohl auch nicht in der Republik."

„Das hat doch alles mit Logik nichts mehr zu tun.“ „Das habe ich wiederholt beim Arbeitsgericht erlebt.“ „Warum tut denn niemand etwas dagegen.“ So kriecht brabbelnd Stimmengewirr auf Rathrasch zu, das er mit kurzen drastischen Sätzen verstummen läßt.

„Sie müssen wissen: Recht hat mit Logik nichts zu tun. Die Priester verkünden das Wort Gottes, die Richter der Menschen Wörter. Und nun – auf geht's zur Pause. Danach kommt der Abfindungspoker.“

Erleichtert, weil unter Rathraschens Redefluß in der geistigen Aufnahmefähigkeit leicht angeschlagen, erheben sich alle und streben dem Ausgang zu. Draußen in der Vorhalle des Nobelhotels wird serviert. Ökonom Schnalz, Inhaber des von seinem Schwiegervater übernommenen Delikatessentempels „Feinkost Völler & Schnabel 1895“ hat sich im Jahre des einhundertjährigen Geschäftsjubiläums nicht lumpen lassen. Er läßt auffahren, zumal da auch Mitglied des Forumsbeirates. Rundum zufrieden ob der ungewöhnlichen Darstellung der Thematik und des köstlichen Zubrots bewegen sich dann alle zurück zum Vortrag.

„Vielen Dank, daß Sie hierhin zurückgefunden und sich nicht nach auswärts verlaufen haben“, leitet Rathrasch den zweiten Teil der Veranstaltung ein. „Sicher sind Sie mit mir“, schmeichelt er, „zu der Erkenntnisstufe gelangt, daß man sich auf langwieriges Prozessieren in der Arbeitsgerichtsbarkeit nicht kaprizieren darf. Hier dürfen Sie nicht rechtlich, sondern müssen wirtschaftlich denken. In erster Instanz vertrödeln Sie mindestens ein halbes, wenn nicht ein ganzes Jahr mit Ihrem Kündigungsschutzprozeß. Was haben Sie davon, wenn Sie dort gewonnen haben, aber ein weiteres halbes Jahr später das LAG, das immer alles besser weiß, das mühselig erstrittene Urteil aufhebt. Dann ist die Kündigung rechtsunwirksam, das Arbeitsverhältnis besteht fort und Sie müssen den prozeßgestählten, nunmehr rechtserfahrenen Mitarbeiter wiedereinstellen. Dabei wollen Sie bedenken, daß Sie Lohn oder Gehalt für die ganze Zeit nachzahlen müssen.“

„Wieso? Der hat doch Arbeitslosengeld bekommen, der kann doch nicht doppelt kassieren: bei Vater Staat und bei mir?“ wird provozierend nachgefragt.

Rathrasch erinnert sich an die Zeit vor etwas über zehn Jahren, als er beim Arbeitgeberverband tätig war und sein Kollege Trutzig den irren Prozeß beim Bundesarbeitsgericht verloren hatte; damals, als er aus dem Wochenende jeden Montagmorgen mit einem Koffer voll Akten im Verband anrückte – unter dem Arm zwei Stangen Camel. Das war damals, bevor er sich ins Anwaltsdasein abseilte. Mit seiner das damalige Prozeßgeschehen wortreich ausmalenden Schilderung weiß er, von neuem die Zuhörer zu fesseln, löst Entsetzen nebst weiterhin gesteigerter Aufmerksamkeit aus, um wieder zum Thema zurückzufinden.

„Der Kündigungsschutzprozeß ist kein Prozeß vor dem Landgericht auf Darlehnsrückzahlung oder Schadenersatzleistung. Dort bleibt die Geldsumme, um die es geht, immer gleich; nur die Zinsen werden aufgeschlagen. Ganz anders verläuft das sogenannte Prozeßrisiko vor dem Arbeitsgericht bei der Kündigung. Mit jedem Monat Prozeßdauer erhöht sich Ihr Risiko, meine Damen und Herren, um ein ganzes Monatseinkommen plus Lohnnebenkosten. Bei zweijähriger Prozeßdauer kommen heutzutage schnell 200 000 DM zusammen. Wer kann das schon bezahlen in einem mittelständischen Betrieb? Da darf man nicht rechtsbesessen und prestigegeladen vorne im Cockpit des Hochgeschwindigkeitszuges nach Kassel sitzen. Hinten im Bremserhäuschen ist der richtige Platz, um rechtzeitig die Notbremse zu ziehen und den Prozeßzug zum Stehen zu bringen: mit einer Abfindungszahlung.“

„Ja, ja – so verliert man einen Prozeß nach dem anderen, immer nur vergleichen und zahlen. Und die Anwälte streichen dazu die Gebühren ein“, bricht ein Zwischenruf durch den Raum. Das zustimmend anhebende Brummeln beruhigt Rathrasch: „Nun quengeln Sie doch bitte nicht so erbost, mein Herr. Der Mittelstand ist bekanntlich der Zahlmeister der Nation. Daran müßten Sie alle sich eigentlich gewöhnt haben.“ Entspanntes Lachen kommt auf. Rathrasch kann fortfahren.

„Ich komme zum Anfang meiner Ausführungen. Wie das Betriebsrätegesetz von 1920, sieht auch das Kündigungsschutzgesetz die Abfindungszahlung vor. Die Richter, kraft Gesetzes zur gütlichen Beilegung des Rechtsstreites verpflichtet, haben sich das dankenswerterweise zunutze gemacht. In jedem Termin machen sie einen Vergleichsvorschlag. Da sind die gar nicht so schlecht, sondern hilfreich veranlagt. Flink ist der Taschenrechner auf dem Richtertisch zur Hand, um ein halbes Monatseinkommen auszurechnen und mit der Anzahl der Beschäftigungsjahre zu multiplizieren. Der Arbeitnehmer will natürlich immer einen ganzen Monatslohn pro Beschäftigungsjahr haben, der Arbeitgeber gar nichts, höchstens aber zehn Prozent davon zahlen. Finanziell vorteilhaft für beide Seiten ist die hier wohl allseits bekannte, teilweise Steuer- und Sozialabgabenfreiheit der Abfindung.“

„Geschickt gilt es diese Situation auszunutzen sowie den Umstand, daß bis auf einige wenige Ausnahmen, wie vorhin abschreckend vorgeführt, kein Entlassener wieder zurück in den alten Betrieb will. Nun muß man rechnen und darf nicht im Dschungel von Gesetz und Rechtsprechung herumrechten. Nehmen wir den Fall einer fünf Jahre lang beschäftigten und entlassenen Verkäuferin. Der Richter schlägt ein halbes Gehalt je Beschäftigungsjahr vor: bei 3 000 DM Gehalt 7 500 DM Abfindung. Die Verkäuferin glänzte durch schneckenhafte Beweglichkeit, zögerliche Einsatzbereitschaft und alljährlich neunwöchige Abwesenheit: sechs Wochen Tarifurlaub und drei Wochen mit gelbem Urlaubsschein. Alles rechtlich lachhafte, gerichtlich nicht durchsetzbare Bagatellen für eine wirtschaftlich durchaus gebotene Entlassung. Höchst dümmlich der Unternehmer oder dessen Prozeßvertreter, der auf die Abfindung mit der prozeßtaktisch gebotenen Zurückhaltung nicht einschlägt."

Aufgeregt meldet sich die junge Verbandsassessorin zu Wort. Angestrahlt von den Raumleuchten und daher unübersehbar für Rathrasch fährt ihre ringbewehrte Hand glitzernd hoch, derweil sie auch schon loslegt, Rathraschens bereits halb geöffnetem Munde zuvorkommend: „Die Firma hätte vorher abmahnen müssen, dann würde sie den Prozeß gewinnen. Ich hatte noch vor kurzem so einen Fall und habe ein obsiegendes Urteil erstritten. Die höchstrichterliche Rechtsprechung besagt ja, daß..."

Die Geschwindigkeit des Redeflusses beeindruckt nicht nur Rathrasch. Er befürchtet längere, zwar zutreffende, aber hier völlig unangebrachte, weil den Zuhörerkreis verwirrende, Rechtsausführungen und stoppt den Wortschwall.

„Das war bestimmt vor der 11. Kammer beim Arbeitsgericht in Entenweiler – am 11. 11. des vergangenen Jahres um 11 Uhr 11. Da war die Kammer mit Dr. Erpel als Vorsitzenden sowie Frau Henne und Herrn Gans als ehrenamtliche Richter besetzt. Die mögen an jenem Tage mal ausnahmsweise arbeitgeberfreundlich gestimmt gewesen sein", neckt er das nette Kind und belehrt: „Mit der Abmahnung ist es ja so eine Sache: das eine Gericht sagt, man hätte zu viel abgemahnt, das müsse der Arbeitnehmer nicht mehr ernst nehmen; das andere Gericht weißbessert, man hätte noch nicht genug abgemahnt. Nein, nein – vielen Dank für Ihren durchaus beachtlichen Hinweis. Bestimmt ist das Abmahnungsunwesen von hochinteressanter Rechtsproblematik für promotions- oder habilitationshungrige Juristengenerationen, aber nicht für den Praktiker im tagtäglichen Geschäft. In einem etwas größeren Betrieb bräuchten Sie dafür ein eigens eingerichtetes, kostenträchtiges Schreibbüro."

Nun will er es sich mit dieser aufstrebenden Elevin der Jurisprudenz auch nicht verderben. Vielleicht steht sie ihm morgen schon vor der Richtertheke gegenüber. Und so schließt er sie in persönlicher Anrede in seine folgenden Ausführungen mit ein.

„Wie jeder Praktiker werden auch Sie, Frau Kollegin, nicht kostentreibend, sondern sparend die sogenannte Drei-Jahres-Rechnung aufmachen. Zahlt doch die Firma einer solchen Schwachkraft, mit deren An- und Abwesenheit sie gleichermaßen unzufrieden war, in den nächsten drei Jahren eine Gehaltssumme von rund 170 000 DM: 3 000 DM Gehalt nebst ganz bescheidener 50% Nebenkosten sind 4 500 DM, was 54 000 DM im Jahr und 162 000 DM in drei Jahren ergibt. Für nackte 7 500 Piepen wird die Firma die Mitarbeiterin los. Sie spart 154.500 DM – jedenfalls dann, wenn der Arbeitsplatz nicht neu besetzt wird; aber auch mit einer wieselflinken Nachfolgerin. Das ist die personalwirtschaftliche Erfolgsrechnung."

Rathrasch flitzt durch die Zahlen, schlürft kurz am Wasserglas, setzt es laut polternd ab, bewahrt mit dem mikrophonverstärkten Gedröhn im Saal vor dem Einschlafen und erschlägt seine Zuhörerschaft.

„Dann auf zum Poker – erst nach unten, dann nach oben. Nach unten läßt sich die Abfindung drücken, wenn sie gewichtigere, wenn auch noch immer für das Gericht uneinsichtige Gründe haben: längere Fehlzeiten, Urlaubnahme zur Unzeit, unentschuldigtes Fehlen. Darüber ärgern sich der Chef, aber auch die Arbeitskolleginnen. Hier lehnt der gewiefte Prozeßstratege die 7 500 DM Abfindung ab; droht mit Kündigungsrücknahme und Weiterbeschäftigung, genau wissend, daß die Entlassene zu ihren verärgerten Kolleginnen nicht zurückkehren will. Er macht ein Gegenangebot von 3 000, um sich bei 5 000 DM zu einigen. Nach oben wird die Abfindung gepuscht, wenn Kündigungsgründe überhaupt fehlen, was ab und zu vorkommen soll und der Richter am verlegenen Herumstottern des Arbeitgebers oder seines Prozeßbevollmächtigten merkt. Dann schlägt der Richter nicht 7 500, sondern 10 000 DM vor. Sind die Entlassungsgründe völlig emotinaler, avalonnebelangereicherter Natur, ist man als Arbeitgeber mit einem solchen Vorschlag bestens bedient. Will man in dieser Lage den Betrag auf 8 000 DM herunterhandeln, kann es leicht geschehen, daß die Gegenseite 12 000 verlangt und man sich bei 11 000 einigt. Selbst hier ist nichts verloren, sondern alles gewonnen. Verloren hat die andere Seite: nämlich den Arbeitsplatz."

„Das ist ja wie auf dem Basar in Samarkand!" „Nein – auf dem Sklavinnenmarkt in Dschidda!" „Wo ist das denn?" „In Arabien – Hafenstadt von Mekka." „Ein Hadschi, ein Mekkapilger ist unter uns!" „In Bangkok ist's billiger." „Wann fahr'n wir? Wann geht's los?"

Unter befreiten Zurufen der Hörerschaft bricht sich fröhliches Gelächter Bahn. Geräuschvolle Bewegung breitet sich von Tischen und Sesseln her aus. Ein Zeichen aufsteigender Erschöpfung. Rathrasch weiß: er muß allmählich zum Ende kommen.

„Da haben Sie mit der Unvoreingenommenheit von Pragmatikern schwierige Rechtsprobleme erfolgreich auf den Weg praxisnaher Lösung gebracht. Lassen Sie im Gerichtssaal ruhig den Hauch von Basaratmosphäre sich verbreiten. Doch Ihre ansteckende Fröhlichkeit kommt zu früh. Zum Abschluß ein ganz wichtiger Hinweis. In Bonn, das dürfte sich schon herumgesprochen haben, ist kein Geld mehr. In der Riege

Kohl & Co. fanden vor allem die Minister mit den leeren Taschen – Blümchen und Waigelchen – Wünschelrutengängern ähnlich ständig nach neuen Quellen. Dabei sind sie auf die Abfindung gestoßen. Die soll nach einem Schubladengesetzentwurf in einem überaus komplizierten System höherer Mathematik – da müssen Sie nochmals die Schulbank drücken – auf das Arbeitslosengeld teilweise angerechnet und nebenher auch noch höher besteuert werden."

Ein dankbarer Zwischenruf, der Rathrasch Luft holen läßt: „Wer da schon hat, dem wird gegeben; wer da nicht hat, dem wird genommen!"

„Alte Spruchweisheit! Über abgehalfterte Politbeamte ergießt sich ein Füllhorn an Übergangsgeldern und Pensionen; den Ärmsten der Armen, die den Arbeitsplatz verloren haben, wird alles oder fast alles genommen: unser christ-sozialer Staat! Es ist also, wenn auch traurig für die Betroffenen, Rührigkeit bei Entlassungen geboten. Es wird alles teurer werden – spätestens ab dem übernächsten Jahr und ganz im Gegensatz zu den Preisen im Handel. Aber wem sage ich allsolches?"

Rathrasch hebt zum Schlußwort an.

„So darf ich mich letztendlich bedanken, Ihnen danken für nicht endende, geduldige Aufmerksamkeit sowie Ihre Fragen und humorvollen, aus dem Leben gegriffenen Beiträge. Ein Referent kann immer nur so gut wie seine Zuhörer sein. Lassen Sie sich von rechtlichen Bedenkenträgern nicht unterkriegen. Wer im Personalwesen nichts unternimmt, ist kein Unternehmer. Ich danke Ihnen!"

Fünfte Begebenheit

Die Kehrseite der Medaille -

Das Schwarze Brett und der Betriebsrat
Eine betriebliche Schrumpfkur

Heute hat Trutzig einen Ruhetag – am Schreibtisch; er muß sich nicht über die Autobahnkreuze hinwegquälen. Ruhetag ist Telefontag. Was, wer, wann am besten schon vorgestern nicht alles wissen oder gewußt haben will. Rascher Rat ist angefragt. Gestern war er „DeU“, dauernd unterwegs; heute drängeln sich alle mit einleitend vorwurfsvoller Erkundigung nach dem tagszuvorigen oder tagsvorherigen Verbleib. Trutzig bleibt die zweifelhafte Befriedigung, daß man ihn vermißt hat. Er ist wie immer „happy in der Arbeit“. Sein Motto „Dankbar sein, daß man arbeiten darf und auch noch kann“ ist Kennzeichen unverständlicher Aufmüpfigkeit gegenüber der um sich greifenden Freizeitzeitgesellschaft, die sinnentleert und zweckentbunden in Arbeitszeitverkürzung und Urlaubsverlängerung dahintreibt.

Und schon wieder einer der anrufenden Fragequälgeister, denen es um trickreiches Abwiegeln von Mitbestimmung, geräuschlose Entfernung eines Betriebsfürsten, Absetzung eines Vorarbeiters, Formulierung eines weglobenden Zeugnisses, Rückerstattung von Arbeitslosengeld, Anrechnung von Berufsschulunterricht auf Ausbildungszeit und vieles andere mehr geht.

Es meldet sich, nicht ganz unvermutet, Vollmuth. Um weiterhin erfolglose und beschwerliche Wege zur Wilhelmshöhe nach Kassel oder die Inanspruchnahme der Dienste eines Spökenkiekers aus dem benachbarten Münsterland zwecks zuverlässiger Krankheitsprognosen zu vermeiden, hatten sich beide nach dem „Betriebsunfall“ mit Bediz und dem anschließend in gegenseitigem Verständnis freundschaftlich beendeten Streitgespräch zu einem fruchtbaren Intensivaustausch zusammengefunden und ein strategisches Konzept betrieblicher Personalplanung entworfen.

Mehmet Ali ging es im übrigen gut; dem Betrieb insoweit auch. Offensichtlich total gesundet, trübten keinerlei Krankheiten vor Ort oder gar im fernen Kappadozien zwecks Urlaubsverlängerung das Arbeitsverhältnis. Kein eigenmächtiger Urlaubsantritt, keine verspätete Urlaubsrückkehr hatten die – man mochte schon sagen – Intimbeziehung belastet. Er hatte mit nun schon 55 Jahren die türkische Altersgrenze erreicht und einer Mitarbeiterin aus dem Personalbüro in vorsichtig gewählten Worten zu verstehen gegeben, daß mit der Zahlung einer angemessenen Abfindung ein freiwilliges Ausscheiden durchaus vorstellbar sei. Er erwies sich nämlich ganz im Gegensatz zu seinem Auftreten vor Gericht als der deutschen Sprache in hervorragender Weise mächtig. „Glückliche Heimkehr nach Anatolien“, dachte Trutzig beneidend, als er davon gelegentlich eines Gespräches hörte.

Und nun ist Vollmuth in der Leitung und überrascht mit der Frage: „Kann ich vom Schwarzen Brett im Betrieb einen Aushang des Betriebsrats runterreißen?“

„Wie bitte? Eine Bekanntmachung des Betriebsrates? Am Schwarzen Brett?“ fragt Trutzig wiederholend, um Zeit für rechtsgewichtige Überlegungen zu schinden. „Warum der Anfall von Zerstörungswut? Können Sie nichts Schwierigeres fragen zu später Nachmittagsstunde?“ scherzt er hinterher.

„Das ist keineswegs zum Lachen!“ Die Stimmung scheint etwas grämlich.

„Warum wollen Sie das abreißen? Was steht denn da?“

„Da heißt es deutsch und türkisch, hören Sie gut zu: ‚Wir warnen alle Mitarbeiter und Mitarbeiterinnen davor, allein in das Personalbüro von Herrn Bünde zu gehen. Herr Bünde überlistet die Kolleginnen und Kollegen, gegen Zahlung hoher Abfindungen das Arbeitsverhältnis zu beenden und auf wohlerworbene Tarifansprüche zu verzichten. Wir fordern hiermit alle auf, nur nach Rücksprache im Betriebsratsbüro und in Begleitung eines Betriebsratsmitglieds das Personalbüro zu betreten.' Na, was sagen Sie dazu – Herrr... Rechtsanwalt?"

„Nur keine Aufregung. Dann läuft also unsere Aktion. Der Anschlag ist doch zusätzliche Reklame für unser Entlassungsmodell. Dann melden sich vielleicht noch Freiwillige."

„Nun, mein Assistent Bünde – Sie kennen ihn ja, er beweist wirklich viel Geschick – fordert die Fehlzeitkandidaten zu einer Rücksprache im Personalbüro auf und schlägt, wie mit Ihnen besprochen, die Beendigung des Arbeitsverhältnisses gegen Abfindungszahlung vor. Wir haben ja hierfür eine Rückstellung gebildet. Der überwiegende Teil stimmt zu. Das ist auch verständlich. Die Türken wollen mit dem Geld nach Hause, und die Frauen sind ja auch froh, wenn die mal Pause machen und zu Hause bleiben dürfen. Sie wissen, der Haushalt und die Kinder. Die sind auf Dauer einfach überfordert; einige arbeiten sogar in zwei Schichten. Und mit dem abgesprochenen halben Monatslohn für jedes volle Beschäftigungsjahr sind die auch zufrieden. Mit zehn- bis zwanzigtausend Mark, die für den einzelnen abfallen – in hartnäckigen Fällen kommt noch ein Schüppchen drauf –, können insbesondere die Türken zu Hause schön was anfangen."

„So sind Sie also zu einem echten Wohltäter geworden – sehr lobenswert. Für die Deutschen ist das ja auch an der Zeit, nachdem sie in zwei Kriegen alle Völker unterdrücken wollten. Jetzt laden sie alle zu sich ein: zum Arbeiten oder Nichtstun. Und kommen sie mit all den Leuten nicht zurecht, schikken sie die mit Geld wieder heimwärts.“

Während dieser sprunghaften Exkursion auf dem lauten Gleis der Gedankenschienen seines Kopfbahnhofes versucht er, eilends auf einem anderen stillen Gleis eine möglichst einfache und schnelle Lösung des ihm unterbreiteten Rechtsproblems zu finden. Nebenan in die Bücherei gehen, Kommentare wälzen, Zeitschriften durchwühlen und Vollmuth auf einen späteren Rückruf vertrösten, bringt nur Verdruß und Ärger: wegen ergebnislosen Suchaufwandes seinerseits und verständlicher Ungeduld andererseits.

Seine Gedankenzüge auf weiter Fahrt, setzt Trutzig das Gespräch locker fort: “Kommen wir zurück auf Ihr mehr oder weniger unsittliches Vorhaben gegenüber dem Betriebsrat. Entweder wir entfernen das Pamphlet oder wir sprechen begütigend mit dem Betriebsratsvorsitzenden.“ Trutzig ist in gesprächstaktischer Variation auf die erste Person des Plural, die Solidarität vermittelnde Wir-Form, hinübergeglitten. So nimmt er Vollmuth das Gefühl von Ertrinken in der Flut tagtäglich auf in zubrandenden Personalkrams und den Frust vor Vereinsamung in der Entscheidungsfindung.

„Was soll ich denn nun tun? Was passiert, wenn ich das runterreiße?“ In der Tonlage zeichnet sich auf der anderen Seite Verminderung geduldigen Ausharrens ab.

„In dem Fall warten wir ab, was die Gegenseite unternimmt. Rechtlich ist unser Vorgehen nicht ganz unproblematisch. Aber lassen wir es doch auf eine einstweilige Verfügung dagegen ankommen. Der Aushang ist zunächst einmal weg, und wir sehen uns mal wieder beim Arbeitsgericht.“

„Also das möchte ich möglichst vermeiden. Da kommt nichts bei heraus, und zwar weder beim Gericht noch im Verhältnis zum Betriebsrat“, ist der verzagte, ja leicht verzweifelte Einwand.

„Gut denn – wenn wir also trotz mancher Querelen, so darf ich sagen, das nur leicht getrübte Verhältnis zum Betriebsrat nicht weiter ankratzen wollen, sollten wir mit dem Vorsitzenden reden.“ Mit dieser seiner nichtssagenden Erwiderung schleppt sich das Gespräch durch die Leitung. „So darf es nicht weitergehen“, weiß Trutzig, „da kann schnell Mißstimmung aufkommen.“ Und endlich frißt sich die Lösung bei ihm Bahn. Befreit fährt er auf.

„Jetzt fällt’s mir ein, ich hab’s; so geh’n wir vor. Erstens: Sie nehmen das Dingen ganz vorsichtig herunter, mit allen Reißzwecken. Zweitens: Sie unterstreichen dick mit Rotstift die Wörter ‚Herr Bünde‘ und ‚überlistet‘ sowie ‚Tarifansprüche zu verzichten‘. Drittens: Gleich morgen früh bringen Sie das dem Vorsitzenden mit einer faustdicken Beschwerde. Der Anschlag, sagen Sie, enthalte den Vorwurf, die Firma würde die Mitarbeiter arglistig täuschen und außerdem ungesetzlich, weil tarifwidrig handeln. Das alles sei eine bösartige Verleumdung. Sie würden Strafanzeige erstatten. Mit diesen Worten legen Sie dem Vorsitzenden das Papier mit den roten Markierungen und die Reißzwecken auf den Schreibtisch. Na, was halten Sie davon?“

Er wartet die Antwort gar nicht ab, sondern sprudelt munter weiter, um seine Gedanken auf dem Gleis und in Fahrt zu halten: „Und dann fügen Sie hinzu, der Inhalt im übrigen könne nicht im Interesse des Betriebsrates sein; der Aushang mache im ganzen Betrieb die Möglichkeit des Ausscheidens gegen Abfindungszahlung bekannt. Es hätten sich, so müssen Sie sagen, schon eine Menge Freiwilliger gemeldet. Eine Belagerung des Personalbüros mit weiteren Abkehrwilligen sei bestimmt nicht die Absicht des Betriebsrates und auch nicht im Interesse der Firma.“

„Das ist nicht schlecht. Ich rufe Sie morgen an und berichte vom Ausgang.“ Erleichterung ist am anderen Ende festzustellen; Ruhe hat Einkehr gehalten. Trutzig ist es zufrieden. „Weiterhin erfolgreiches Schaffen, darf ich wünschen“, schließt er das Gespräch ab. „Danke“, vernimmt er die knappe Erwiderung.

„Das war ein Schuß ins Schwarze“, macht nächsten Tages Vollmuth Meldung. Der Betriebsratsvorsitzende und sein zufällig anwesender Stellvertreter hätten ihn mit dem Zettel und den Reißzwecken in der Hand im ersten Anlauf des Gespräches fast aus dem Zimmer geworfen. Beide seien bei Erwähnung der Freiwilligenmeldungen aber sehr nachdenklich geworden. Das sei in hochgradige Verärgerung umgeschlagen, als der zuvor geimpfte Bünde den Vorgang bestätigt und glücklicherweise sogar habe zwei Freiwillige namentlich nennen können. Der Zorn habe sich dann voll auf den Gewerkschaftssekretär entladen, der den Entwurf für den Aushang gemacht habe.

„Zoff im eigenen Hause ist schlecht, aber anderwärts immer gut“, meint Trutzig befriedigt zu dem Bericht.

Sechste Begebenheit

Einer, der einstellen will – Es gibt Schwierigkeiten

Der Kammervorsitzende springt fast aus seinen Schuhen. Hochgefahren hinter der breiten, quer durch den Verhandlungsraum gezogenen Richterempore, im Jargon der Juristen niederen Grades „Theke“ genannt, beugt er sich weit vor, die umhängende schwarze Robe breit entfaltend über Aktenwust und aufgetürmte dickleibige Gesetzestexte.

„Ich höre wohl nicht recht? Wo bin ich hier? Dies ist doch keine Lustbarkeitsveranstaltung! Sie wollen also nicht, daß in dem Betrieb vier Arbeitnehmer eingestellt werden, und haben die Zustimmung zur Einstellung verweigert? Und das alles bei dreieinhalb Millionen Arbeitslosen!“

Es ist „high noon“ – nicht nur uhrzeitmäßig – vor der 12. Kammer des Arbeitsgerichtes in Eulenstadt.

Unwillkürlich zusammenfahrend in dem auf ihn herniederprasselnden Wortschwall, duckt sich unten im Raum an einem der beiden sich gegenüberstehenden Tische für Parteien und Prozeßvertreter der Betriebsratsvorsitzende Sorge der Firma Latour & Söhne tiefer in das armlehnbestückte Sitzmobiliar hinein. Er muß mehr oder minder wider Willen seine Kollegen vertreten.

Die vor etwa 200 Jahren im Eulental von einem glücklichen Revolutionsflüchtling gegründete Firma hatte den Mut zur Einstellung von neuen Mitarbeitern noch nicht vollständig verloren. Mit rühriger Hilfestellung des Arbeitsamtes Eulenstadt war man nach endloser Suche fündig geworden unter der Schar der überwiegend arbeitsunwilligen Bewerber, die dem durch das Amt ausgeübten sanften Druck zu einem Vorstellungsgespräch nicht hatten entgehen können. Vier Hilfskräfte für Lager und Versand sollten befristet eingestellt werden, was allerdings der Zustimmung des Betriebsrates bedürftig war. Die Betriebsratsmitglieder jedoch, total erlegen dem Einfluß des gewerkschaftlichen Vertrauensmannes, faßten mehrheitlich den hirnrissigen Beschluß, die Zustimmung zu verweigern. Dieses wiederum nötigte die Firma zu gerichtlichem Vorgehen gegen ihren Betriebsrat. Das Arbeitsgericht soll nun die Zustimmung durch Richterspruch ersetzen.

Rechtsanwalt Spitzig legt beruhigend die Hand auf den Arm seines Mandanten. Die Ausbrüche des Kammervorsitzenden sind ihm nicht fremd, wenn auch hier einmal nicht zu seinem Vorteil. Die Gewerkschaft hat ihn mit der Sache beauftragt, um die unbotmäßige Firma auf Kosten zu treiben. Denn ob sie das Verfahren verliert oder, was nach der Unmutsäußerung des Vorsitzenden wahrscheinlicher ist, gewinnt, die Firma muß in jedem Falle die Anwaltskosten, seine Gebühren, zahlen. Prozeßführung und Terminwahrnehmung durch den gewerkschaftlichen Rechtsschutzsekretär hingegen hätten die Firma nicht mit Kosten belastet – so eine noch nicht ganz ausgestorbene sozialpartnerschaftliche Übung.

Die Assessorin vom Arbeitgeberverband, der Unternehmervereinigung am unteren Eulental e. V., hat sich auch etwas tiefer als sonst in das andere Sitzmöbel vor der Theke gedrückt. Doch nicht in Furcht vor dem auf der Richterbank tobenden Sturm der Entrüstung, der auch die zwei beisitzenden Richterkollegen des Vorsitzenden erfaßt hat. Unverständnis bringen sie durch heftiges Kopfschütteln zum Ausdruck. Furcht ist ihr unbekannt. Nach fünfjährigem Kampf mit allen den Unbilden, die weiblichem beruflichen Gestaltungsdrang entgegenschlagen, hat Frau Hammerschmied jegliche Hochachtung vor dem anderen Geschlecht dahinfahren lassen. Nur einigen ihrer Kollegen hat sie Wertschätzung bewahrt. Ihr

Gesicht ist zur Hälfte von dem lockigen Gekräusel ihrer Haartracht verdeckt. Vor die andere, die untere Hälfte hält sie die linke Hand, und aus dem solcherart gestalteten Tschador blitzen nur ihre blauen Augen hervor. Dahinter versucht sie mühsam, ihre kichernd verzogenen Gesichtszüge zu verbergen. Verhaltenes Glucksen ist sogar für den ihr zunächst sitzenden Richter der Kammer oben auf der Empore deutlich vernehmbar.

„Was soll das Ganze also?“ fragt der Vorsitzende, nun etwas ruhiger geworden.

„Herr Vorsitzender, meine Herren ehrenamtlichen Richter“, äußert sich Spitzig, an den die Frage erkennbar gerichtet ist. Er weiß um seinen schlechten Stand, zieht aber dennoch unverdrossen die Register seines linkslastigen Rechtsverständnisses und schwadroniert: „Hier liegt wieder einer jener typischen Fälle arbeitgeberseitiger Verweigerung von Mitbestimmungsrechten des Betriebsrates vor. Die vier Arbeitnehmer sollen nämlich befristet auf die Dauer von acht Monaten eingestellt werden. Mit der Befristung wird einmal wieder von dieser Firma – es ist ja nicht das erste Mal – das Mitbestimmungsrecht meines Mandanten bei der Kündigung ausgehebelt. Ein befristetes Arbeitsverhältnis endet mit Fristablauf und bedarf folglich nicht einer Kündigung; damit entfällt das dem Betriebsrat bei einer Kündigung zustehende Anhörungsrecht. Außerdem enden alle vier Arbeitsverhältnisse am 13. November; auf diese Weise drückt sich die Firma tarifwidrig um die Zahlung des Weihnachtsgeldes herum.“

Hier nun wird es Frau Hammerschmied zu bunt. Neben ihr sitzt nämlich der immer unruhiger hin- und herrutschende Dipl.-Ing. Latour, der Geschäftsführer der Firma. Mißtrauisch gegenüber einer noch jungen und zudem weiblichen Prozeßvertreterin, welche die Unternehmervereinigung ohne Rücksprache zur Terminswahrnehmung geschickt hatte, machte er wiederholt Ansätze, den Anwalt zu unterbrechen. Nur die energisch abweisenden, kurzen Handbewegungen der Dame neben ihm erlegen ihm Zurückhaltung auf.

„Herr Rechtsanwalt“, fährt sie Spitzig frontal an, sich aufrichtend. Die steife Kostümjacke aus dunklem stahlblauem Stoff, hochgeschlossen mit Mao-Kragen, verleiht ihr die Erscheinung eines in Rüstung gepanzerten Ritters, und mit ätzender Stimme legt sie los: „Wissen Sie nicht, daß das Bundesarbeitsgericht vor langen Jahren ausnahmsweise einmal einen lichten Moment hatte und...“

„Frau Assessorin, bitte zügeln Sie Ihre Ausdrucksweise bezüglich eines höchsten Bundesgerichtes. Ich muß Sie zur Ordnung ...“

„Herr Vorsitzender, ich lasse mich nicht unterbrechen. Der gegnerische Herr Prozeßbevollmächtigte hat meine Partei, der Geschäftsführer Latour ist persönlich anwesend, mit dem Vorwurf gesetz- und tarifwidrigen Verhaltens überzogen. Das lasse ich mir nicht bieten. Also das Bundesarbeitsgericht hat abweichend von seiner ansonsten überaus arbeitnehmerfreundlichen Rechtsprechung bereits vor Jahren entschieden, daß die befristete Einstellung von Arbeitnehmern kein Zustimmungsverweigerungsgrund seitens des Betriebsrates ist. Wir wissen in der Unternehmerschaft, daß die Gewerkschaft gleichwohl dagegen Sturm läuft; und hier hat sie mal wieder einen hörigen Betriebsrat gefunden, der nach ihrer Pfeife tanzt.“

„Die Rechtsprechung ist bekannt, Frau Hammerschmied“, unterbricht der Vorsitzende erneut. “Aus meiner sowie meiner Kollegen Reaktion zu Beginn der Verhandlung sollten Sie erkannt haben, welche Entscheidung die Kammer treffen wird. Oder können wir uns einigen? Herr Rechtsanwalt, jetzt sind Sie wieder dran.“

Spitzig räuspert sich gewichtig: „Für uns hat die Sache grundsätzliche Bedeutung. Über eine nachträgliche Zustimmungserteilung kann nur der Betriebsrat selbst entscheiden."

„Nein", nimmt Latour das Wort, „Sie meinen den gewerkschaftlichen Vertrauensmann und die Gewerkschaft selbst, die fortwährend in meinen Betrieb hineinregiert."

„Na, da scheinen die Fronten völlig festgefahren zu sein. Entscheidung am Schluß der Sitzung", beendet der Vorsitzende die Verhandlung, sich mit seinen Beisitzern kopfschüttelnd erhebend.

„Die zweite Instanz wird's schon wieder richten", schneidet der Spitzig eigene Sarkasmus durch den Gerichtssaal.

„Da läuft sich Ihre Beschwerde tot", giftet Frau Hammerschmied zurück. „Bis die da oben aufwachen und einen Termin anberaumen, sind die Leute aufgrund der Befristung schon längst draußen."

Latour ist erschüttert ob nutzlosen Streites. „Der Betrieb muß laufen", denkt er bei sich, „hier wird nur gebremst."

Am Nachmittag desselben Tages – einige Stunden später – tobt es freudig durch eine Etage im Verbandsetablissement. „Ich habe gewonnen! Ich habe gewonnen!" schallt es durch die Gänge. „Aha, Bettina ist zurück vom Termin. Na, dann ist die Sache gelaufen", sagt sich aufatmend Assessor Fabricius in seinem Grübelkäfig. Auf dringendes Hilfeersuchen von Latour hatte er die Sache eingestielt – ein Verfahren, das man an sich nur gewinnen und mit dem man Betriebsrat und dahinterstehender Gewerkschaft kräftig eins überbraten konnte.

„Doch auch in solch todsicheren Sachen", stellt er Nachbetrachtung tiefsinnig an, „findet sich oft genug noch ein Härchen, an dem Gericht oder Gegner einen genüßlich aufhängen. Und Spitzig ist nicht zu verachten; er versteht sein Handwerk blendend. Und arrogant kann er sein; da kann jeder noch zulernen." Er steht auf. Von draußen ertönt fröhliches Juchen.

„Nicht so laut, leise, etwas leiser. Vorsicht! Ein Vorstandsmitglied ist im Haus – soeben die Treppe heraufgegangen", tritt Fabricius dem Pulk von Kolleginnen und Kollegen entgegen.

„Ha, ha – Sie Witzbold", ulkt man ihm zu, „darauf fallen wir nicht herein. Sagen Sie noch, es ist der Präsident!" So wird der Vorstandsvorsitzende der Unternehmervereinigung am unteren Eulental e. V. respektvoll angeredet – jedenfalls auf höheren Ortes angesiedelten Sitzungen oder Verbandsveranstaltungen. „Fällt Ihnen nichts Besseres ein auf Dauer?" witzelt es weiter.

Fabricius lacht und begrüßt freudig Bettina Hammerschmied. Den ganzen Vormittag bis weit in den Mittag hinein hat sie vor der Theke zugebracht: ein Fall verrückter als der andere. Und alles ist glimpflich mit den üblichen Blessuren von Abfindungszahlungen über die Bühne gegangen. Bettina hat ihr beinahe überlaufendes Faß von Neuigkeiten aus dem Kreis von Richtern, Anwälten, Gewerkschaftssekretären und was da ist mehr, aufgemacht und versprüht alles unter die begierig Umstehenden. Daß Spitzig diesmal eins auf den Hut bekommen hat, freut besonders ihre Kollegin Judith. Übel hatte er jener neulich mitgespielt, indem er einen fristlos entlassenen notorischen Bummelanten überraschend mit Hilfe eines Attestes als Alkoholiker auswies. Der Tunichtgut kam wieder zurück in den Betrieb – mit der Auflage einer Entziehungskur.

Fabricius saugt genießerisch am Frohsinn der ihm zugetanen Umgebung. „Es ist schön", geht es ihm durch den Sinn, „wenn ein Kreis so verschiedenartig konstruierter und unterschiedlich agierender Menschen so viel Harmonie ausstrahlt.“ Er hört das aufstörende Knarren des Telefons aus seiner Denkerstube und zieht sich zurück.

Fast schon erwartet, meldet sich Latour. Er dankt in wortreicher Belobigung für die erfolgreiche Vertretung vor Gericht. Fabricius möge das doch weitergeben. Frau Hammerschmied würde sich gewiß außerordentlich freuen, begegnet Fabricius dem Ansinnen, wenn Latour persönlich sie ansprechen und ihr das sagen würde. In diesen schwierigen Zeiten um sich greifender Verbandsverdrossenheit habe Lob leider als nicht alltägliches, sondern höchst außergewöhnliches Ereignis großen Seltenheitswert erlangt.

„Wissen Sie“, bedeutet er Latour, „die Frauen in unserer Abteilung sind genau so gute Juristen wie wir Männer. Das haben viele Mitgliedsfirmen immer noch nicht inhaliert. Und deshalb freuen sich gerade die Kolleginnen über ein persönliches Wort.“

„Ja – Sie sind aber der Abteilungsleiter, und ich dachte ...“

Fabricius haßt den Ausdruck und unterbricht sofort: „Sie meinen Abteilungsleidender. Nein, ich bin allenfalls der erste Arbeiter, weil ich schon so lange hier bin. Ihren Herrn Vater habe ich gut gekannt. Wie geht es ihm?“

„Oh – das wußte ich nicht, danke sehr gut. Aber der Zweck meines Anrufs sind auch die Ihnen bekannten Schwierigkeiten mit meinem Betriebsrat. Die wöchentliche Arbeitszeit, die Überstunden, die Arbeitseinteilung, nicht zu reden von der Prämienentlohnung – wegen jeder Kleinigkeit wird bei der

Gewerkschaft angerufen, und dann habe ich die im Haus. Ich kann doch nicht Betriebsverfassungsrecht studieren."

„Wer heutzutage im Betrieb etwas unternimmt, hat gleich die Mitbestimmung im Haus. Hier im Raum haben sich etliche Großbetriebe erheblich verkleinert. Exodus – sage ich immer, wie damals in den zutiefst traurigen Jahren zwischen 33 und 39. Da hat die Gewerkschaft nicht mehr so viel zu tun und kann sich um die kleineren Betriebe um so intensiver kümmern. Ich habe Sie ja gleich zu Beginn gefragt, warum Sie Leute überhaupt einstellen wollen. Können Sie keine Maschinen anschaffen oder Produktionsabschnitte ins Ausland verlagern? Dann können wir Personal einsparen, ein paar Leute entlassen – mit Geld natürlich, unter Umständen einem kleinen Sozialplan. Wir müssen auf 140, am besten 130 Arbeitnehmer kommen. Dann verkleinert sich bei der nächsten Wahl der Betriebsrat von sieben auf fünf Personen. Vielleicht haben wir Glück, und der Vertrauensmann fliegt raus."

„Das ist ja ein Sisyphus-Konzept, aber nicht schlecht fabriziert."

„Ja immer am Stein – oder Ball bleiben", ermuntert Fabricius.

Siebente Begebenheit

Einer, der einstellen will – Er darf aber nicht

Im Eulental hatte man schon vor Jahrhunderten nicht dem Müßiggang gefrönt, sondern emsigem erfinderischem Schaffen unbedingten Vorzug gegeben. Es hatte im unteren Eulental gebrodelt, lange bevor nebenan im Revier sich schwerindustrielles Magnatentum mauserte. Hoch obenan stand daher in Eulenstadt in den noch verbliebenen alteingesessenen Betrieben zukunftssichernder Sinn für das Noch-Bestehen-Gebliebene.

Auch an der Löwenmaul GmbH – Markenzeichen ist der Löwe von Metro Goldwyn Mayer in gezähmter Pose – hatte der Zahn dieses sich dem Ende zuneigenden Jahrhunderts genagt: nicht nur während der kriegerischen Auseinandersetzungen, sondern auch in der Zeit danach. Ständig gestiegene Lohnkosten nebst tariflichen Nebenleistungen im Inland hatten fleißiges Schaffen im Ausland beflügelt. Von Betrieben mit tausend und mehr Beschäftigten waren in der Branche nur einige wenige noch mit wenigen oder kaum hundert Werktätigen übrig geblieben. In blindwütigem Tarifgerangel hatte die Gewerkschaft verschlafen, daß um die Prozentsätze der auf dem Tarifbasar alljährlich ausgehandelten Lohnerhöhungen sich die Zahl der Betriebe und Belegschaften beharrlich verringerte. Bald würde nichts für niemanden mehr zu verhandeln sein.

Einen noch nicht allerletzten Schlag hatten den überwiegend rund um die Uhr laufenden Betrieben etliche tarifliche Arbeitszeitverkürzungen versetzt. Anschließende Rangeleien auf betrieblicher Ebene in Einigungsstellen um Betriebsvereinbarungen und mit der Gewerkschaft um Firmentarifverträge waren unliebsame Folge gewesen.

Dipl.-Ing. Bruckental war nicht gewillt, die auch traditionsbeladene Firma in die Wasser des Eulenbaches schlittern und alldorten untergehen zu lassen. Fast mehr noch als mit in- und ausländischer Konkurrenz mußte er sich in einer unendlichen Geschichte mit seinem aus fünf Mitgliedern bestehenden Betriebsrat auseinandersetzen. Dessen Vorsitzende war Frau Kuckelsdorf. Kaum eine Woche verging ohne eine zeitaufwendige Betriebsratssitzung. Einmal im Monat mindestens erschien der Gewerkschaftssekretär Hartung im Hause, um an einer der Betriebsratssitzungen teilzunehmen. Die Telefonate zum Gewerkschaftshaus blieben ungezählt. Unerquickliche Zustände in einer Produktionsstätte mit gerade noch 57 Schaffenden beiderlei Geschlechtes. Zwar lag die Kontaktpflege mit Frau Kuckelsdorf und Herrn Hartung in den bewährten Händen seines Mitgeschäftsführers Wegemann; aber an Bruckental selbst als dem verantwortlichen Gesellschafter-Geschäftsführer gingen die immerwährend harschen betrieblichen Querelen nicht spurlos vorbei.

Um das Betriebsschiff gegen widrige Sturmböen von Konkurrenz, Gewerkschaft und auch Gesetzgeber flott auf Kurs zu halten, hatte Bruckental die Produktion weitgehend automatisiert. Die computer-gesteuerten Anlagen liefen über die Viereinhalb-Tage-Woche hinweg den restlichen Freitag, den ganzen Samstag und Sonntag. In dieser Zeit stromerte Bruckental höchstpersönlich – als Geschäftsführer frei von gesetzlichen und tariflichen Arbeitsverboten – durch den Betrieb, wenn er mal Langeweile hatte, um auf den einen oder anderen Knopf zu drücken. Ja – viereinhalb Tage hatte die Arbeitswoche, die ihm Betriebsrat und Gewerkschaft aufs Hühnerauge gedrückt hatten. Am Freitag war schichtplan- und uhrzeitmäßig um 13.17 Uhr „Schluß mit U“. Und wehe, da käme auch nur eine Überstunde ohne die langwierig bei Betriebsrat und Gewerkschaft erbettelte Zustimmung hinzu!

Das alles hatte ihn gewaltig gewurmt, wo doch schon jenseits der Republikgrenzen – nicht erst im fernen Anatolien oder gar Hindustan – die Betriebe Tag und Nacht brummten. Nicht umsonst hatte er sich bei Gewerbeaufsichtsamt und Regierungspräsidium blaue Flecken wegen Wochenendarbeit geholt. Er hatte daraufhin seine Kontakte zur alten Alma mater spielen lassen und da er selbst besessen von Geisterschichten im Betrieb war, hatte er Nächte der Verwirklichung seiner Idee geopfert.

Zug um Zug hatte Wegemann, seines Zeichens Betriebswirt und auf verschlungenen beruflichen Pfaden mit den höheren Weihen des Arbeitsrechts versehen, die Belegschaft heruntergefahren. Weder Betriebsrat noch Gewerkschaft hatte dieses beeindruckt. Man wähnte sich noch immer am längeren Hebelarm und war voll des Eifers, der Geschäftsführung den richtigen Weg tariflicher und gesetzlicher Betriebs- und Personalführung aufzuzeigen.

Noch vor einem Jahr hatte man Wegemann an die Kette legen und einer Betriebsvereinbarung über die Einführung von Kurzarbeit nur zustimmen wollen, wenn die Firma sich verpflichte, zwei Jahre lang keine betriebsbedingten Kündigungen auszusprechen. Auf Anraten seines Freundes Fabricius von der Unternehmervereinigung hatte Wegemann den Antrag auf Kurzarbeit zurückgezogen und einen Termin zur Verhandlung über Massenentlassung und Sozialplan verlangt. Das hatte umgehend zur problemlosen Einigung über die Kurzarbeit geführt.

Um eine zukunftssichere Personalentwicklung bei der Löwenmaul GmbH besorgt, hatte Bruckental nun zwei Jahre lang schon Ausschau nach einem Nachfolger für den unmittelbar vor der Vollendung seines 60. Lebensjahres stehenden Obermeister gehalten. Leider erfolglos, was auch nicht weiter verwunderlich in der hierzulande wenig zukunftsträchtigen Branche war. Auch das Arbeitsamt hatte nicht helfen könne. Da der Obermeister spätestens in vier Jahren ausscheiden, eine gründliche Einarbeitung des Nachfolgers in dem hochautomatisierten und vernetzten Maschinenpark aber mehrere Jahre benötigen würde, machte Bruckental sich Sorge.

Nun aber bietet sich endlich die Möglichkeit. Eine der vielen Zeitungsanzeigen hatte Erfolg. Ein arbeitslos gewordener Meister mit einschlägiger Erfahrung aus einem Konkurrenzbetrieb bewirbt sich und soll eingestellt werden. Der Betriebsrat sperrt sich.

Ein erster Antrag der Geschäftsführung der Löwenmaul GmbH auf Zustimmung zur Einstellung des vielversprechenden neuen Mitarbeiters wird vom Betriebsrat abgelehnt. Begründet wird dieses mit der schon seit mehreren Monaten laufenden Kurzarbeit. Die weiterhin andauernde schlechte Auftragslage rechtfertige keine Neueinstellung. Das Schreiben des Betriebsrates enthält die Bezugnahme auf § 99 Absatz 2 Ziffer 3 des Betriebsverfassungsgesetzes – ein nicht zu übersehender Fingerzeig, daß Gewerkschaftssekretär Hartung Frau Kuckelsdorf rechtliche Hilfestellung hat angedeihen lassen.

Bruckental ist verstört, Wegemann bestürzt. Er redet auf den Betriebsrat ein; stellt wiederholend klar, daß es um die Nachfolgeregelung in der Fertigungsleitung einer speziellen Produktgruppe gehe; erläutert, daß der betagte Obermeister Unterstützung brauche und eine mehrjährige Zusammenarbeit zwischen dem alten Hasen und dem Neuling eine erfolgreiche Vermittlung von Erfahrungswissen gewährleiste. Die Fortführung der Produktgruppe sei andernfalls gefährdet.

Wegemann, in dessen Hand das weitere Vorgehen liegt, rafft sich zu einem zweiten Antrag mit noch ausführlicherer Begründung auf. Listig stimmt tagsdarauf der Betriebsrat zu, stellt jedoch zwei Bedingungen. Erstens darf zwei Jahre lang in der Produktgruppe kein Mitarbeiter durch betriebsbedingte Kündigung entlassen werden. Zweitens darf mit der Neueinstellung für niemanden ein finanzieller Nachteil verbunden sein.

Der Anruf bei der Unternehmervereinigung am unteren Eulental e. V. läßt nicht lange auf sich warten. Trotz Blokade aller Leitungen im Ressort Recht erreicht Wegemann durch freundliches Zureden bei der allzeit hilfsbereiten Telefonistin, daß Fabricius aus einer Besprechung gerufen wird, um sich der Problematik des ungewöhnlichen Falles zu widmen. Dieser beruhigt Wegemann; erklärt ihm, Eile sei geboten; fordert ihn auf, alle Unterlagen per Boten oder persönlich sofort zu überbringen; klärt ihn auf, daß innerhalb von drei Tagen ein Antrag beim Arbeitsgericht gestellt werden müsse. Mit Bedauern verweist er auf die fortlaufende Besprechung, die seine Anwesenheit erfordere. Der Fall werde zuständigkeitshalber von dem Kollegen Scharfegge bearbeitet. Wegemann ist zufrieden; er kennt Scharfegge. Und Scharfegge bringt – es ist Freitag – übers Wochenende hin alles noch rechtzeitig auf rechtlichen Weg. Der neue Mitarbeiter wird vorläufig – vorbehaltlich einer Entscheidung des Arbeitsgerichtes – zunächst einmal eingestellt.

Grau in grau ist fünf Wochen später der Vormittag, als der Löwenmaul GmbH bei der 13. Kammer des Arbeitsgerichts

Eulenstadt die Terminsstunde zur Verhandlung ihres brisanten Falles schlägt.

Nicht zum ersten Mal sitzen sich die Kontrahenten des Verfahrens vor einem der Richterkollegien dieses Arbeitsgerichtes gegenüber: Wegemann mit Scharfegge und Frau Kuckelsdorf mit Hartung. Wegemann hat die nächtliche Rückkehr von Kundenbesuchen in Österreich durch Regengüsse und Nebelschwaden bewältigt und hängt geschafft im Stuhl. Ob er hier vom Regen in die Traufe gekommen sein könnte, dämmert es ihm. Frau Kuckelsdorf hat ihren Bildungsurlaub unterbrochen, dessen Bezahlung sie gegen die Firma rechtskräftig beim Landesarbeitgericht erstritten hatte. Sie ist aus dem Wochenseminar der Volkshochschule „Trottellumme und Lund – ökologische Vogelkunde am Wattenmeer“ hoffnungsvoll angereist. Für Assessor Scharfegge und Gewerkschaftssekretär Hartung ist es ein Tag wie jeder andere –jedenfalls vor Beginn der Verhandlung.

Nach Aufruf der Sache und Feststellung der Erschienenen erkundigt sich der Kammervorsitzende, dem die Verhandlungsführung obliegt, eingehend nach der wirtschaftlichen Lage der Firma. Er faßt das Ergebnis seiner Befragung unterkühlt und sachlich zusammen.

„Sie räumen also ein, Herr Wegemann, daß die Auftragslage der Firma schlecht ist und deswegen seit einigen Monaten in der Produktion kurzgearbeitet wird. Wie wollen Sie unter diesen Umständen die Einstellung eines neuen Mitarbeiters rechtfertigen? Das widerspricht sich doch in jederlei Hinsicht. Da bittet die Kammer um Aufklärung.“

Auf diese Weise zwar verbindlich, aber hart angegangen, antwortet Wegemann vorsichtig: „Herr Vorsitzender, wir glauben, die berechtigte Hoffnung zu haben, daß eine Besserung der Auftragslage in absehbarer Zeit eintreten wird. Ich komme gerade mit einigen Aufträgen aus Österreich zurück und ...“

„Glauben ist immer schlecht“, wirft Hartung routiniert dazwischen. „Wir sind nicht in der Kirche“, hämischt er genußvoll. Unter den Zuhörern im Hintergrund macht sich verhaltenes Gelächter breit. Wenn Hartung auftritt, verspricht es meistens interessant, manchmal turbulent zu werden – zumal wenn Scharfegge auf der anderen Seite!

„Der Geschäftsführer Wegemann“, Scharfegge weht betriebshierarchische Aura herbei und springt Wegemann angriffslustig zur Seite, „hätte im Betrieb sicherlich das Ende von Kurzarbeit verkünden können, wenn er nicht seine bisher erfolgreich verlaufene Geschäftsreise hätte abbrechen müssen, um den Termin in dieser krümligen Sache wahrzunehmen.“

„Hier geht es um Mitbestimmungsrechte des Betriebsrates, nicht um eine Krümelsache. Das wird Ihnen die Kammer noch klarmachen – Herr Assessor Scharfegge!“ windet es in mißbilligender Zurückhaltung von der Empore herunter. Wie immer vermeidet der Vorsitzende jegliche Gefühlsaufwallung.

„Hier geht es weder um Aufträge noch um Kurzarbeit, sondern allein darum, daß die Nachfolgefrage in einer wichtigen Fertigungsabteilung für die Zukunft geregelt werden soll – eine personalpolitische Entscheidung, die nicht der Mitbestimmung durch den Betriebsrat unterworfen ist“, zieht sich Scharfegge auf den Boden rechtlicher Argumentation zurück.

„Sie kommen bei mir nicht um die Beantwortung der Frage herum, wie der neue Mitarbeiter beschäftigt werden soll. Nur im Zugucken beim Obermeister kann seine Tätigkeit wohl kaum bestehen.“

„Na, es wird sich schon Arbeit finden. Dafür werden wir sorgen“, wendet Wegemann ein.

„Also nimmt der neue Mann anderen Mitarbeitern oder gar dem Obermeister Arbeit weg; und das auch noch bei Kurzarbeit. Dann ist der Einwand des Betriebsrates berechtigt. Es besteht hier, um den Gesetzeswortlaut von § 99 Absatz 2 Ziffer 3 des Betriebsverfassungsgesetzes zu zitieren, die begründete Besorgnis, daß im Betrieb beschäftigte Arbeitnehmer wenn nicht gekündigt, so doch zumindest in sonstiger Weise benachteiligt werden. Warum wollen sie denn nicht die Zusage machen, keine Entlassungen in den nächsten zwei Jahren vorzunehmen, wie der Betriebsrat verlangt?“

„Das kann die mit Steuergeldern finanzierte Montanindustrie machen. Sie projizieren, Herr Vorsitzender, wie das Bundesarbeitsgericht bei der Kündigung wegen Krankheit alles in die Zukunft hinein und verlangen von den Arbeitgebern unmögliche Aussagen über künftiges Geschehen. Wir sind doch keine Hellseher! Wir haben auch nicht das Geld für einen Wahrsager – was nämlich schwarzer und in zwei Jahren vielleicht roter Sozialfetischismus noch alles an Unsinn ausbrüten. Und das allein ist konjunkturbestimmend!“

„Ihre gerichtsbekannten, parteipolitschen Ausfälle, Herr Scharfegge, und auch Ihre Angriffe auf das Bundesarbeitgericht sind der Sache nur abträglich. Nein, Sie können mit der Neueinstellung abwarten, bis genug Arbeit vorhanden ist. In vier Jahren erst scheidet der Obermeister aus. Da haben Sie genügend Zeit, eine Ersatzkraft zu finden. Das muß nicht jetzt sein, meine Herren.“

„Nein, meine Herren Richter“, Scharfegge spricht die Richterbank an, „es geht hier für den Betrieb um eine zukunftssichernde personelle Maßnahme. Wenn das die Firma nicht mehr selbständig entscheiden darf, kann sie einpacken oder auswandern."

„Am besten nach Frankreich", frotzelt Hartung genießerisch, „mit 'nem Lastzug – bis an die Grenze. Weiter geht's nicht! In Streik und Stau!"

Dann startet Scharfegge einen letzten Versuch in Fragestellung: „Und die Arbeitslosigkeit des Mannes? Der ist doch weiter arbeitslos, wenn wir ihn jetzt raussetzen müssen."

„Davon spricht das Gesetz nicht. Es ist nur von den Arbeitnehmern im Betrieb die Rede. Ich habe mich an das Gesetz zu halten", frostig und erhaben die Entgegnung des Vorsitzenden. „Ist sonst noch etwas vorzutragen?" fragt er niederblickend auf die rechts und links vor ihm sitzenden Kontrahenten. „Der Akteninhalt ist bekannt. Na, denn ..." Niemand sagt etwas. „Entscheidung am Schluß der Sitzung", sind die letzten Worte.

Dipl.-Kfm. Wegemann malt sich entsetzt die Rückkehr in den Betrieb aus. Mit dem Chef, so nennt er den Gesellschafter-Geschäftsführer Bruckental, käme er schon klar, vertraut er Scharfegge an. Aber was würden die Leute im Betrieb denken – vor allem die Vorgesetzten, fragt er. Da werde sich der Eindruck verstärken, daß Betriebsrat und Gewerkschaft das Sagen hätten. Scharfegge beruhigt. Man müsse die Sache in der nächsten Instanz gradebügeln.

Dipl.-Ing. Bruckental hört sich in Ruhe den Bericht der beiden an. Wiederholt und resignierend eingeworfenes „Nein ... nein ..." ist seine abschließende und bestimmte Stellungnahme zu dem wortreich dekorierten Vorschlag weiterer gerichtlicher Auseinandersetzung. Er werde grundsätzlich neue Überlegungen anstellen. Die Sache sei für ihn erledigt. Ideen habe er genug, Arbeit auch. Und arbeiten wollten viele auf der ganzen Welt. Man könne die Arbeit natürlich auch verklagen, zum Lande hinausklagen. Verstand sei eben leider begrenzt, nur die Dummheit grenzenlos – so eine alte Volksweisheit vom Balkan.

Achte Begebenheit

Nichts hat für uns einen häßlicheren Anblick als die Vernunft, wenn sie nicht auf unserer Seite ist.
(George Savile, Marquis Halifax)

Räumarbeit

Alle spielten einmal wieder verrückt. Zuerst der Aufbruch nach Ostelbien – nach dessen Zusammenbruch. Wie vor Jahrhunderten die Rittersleut' unter ihrem Motto „G'en Ostland laßt uns reiten" ausgezogen waren. Und jetzt der Abbruch, nachdem die Republik sich in der ihr eigenen Großmannssucht und -gefälligkeit wie schon früher ihre Vorläufer übernommen hatte. Jeder wollte noch schnell irgendwen entlassen, bevor es nicht mehr ging.

Denn das Wettrennen um den unseligen § 128 des als solches hochtrabend, aber mißbenamsten Arbeitsförderungsgesetzes hatte begonnen. Jene an bürokratischer Regulierungswut kaum zu übertreffende Paragraphenkrake, die den Betrieben die Erstattung von Arbeitslosengeld bei Entlassung älterer Mitarbeiter – selbstverständlich auch Mitarbeiterinnen – auferlegte. Hatte die Republik doch zunächst in der ihr eigenen Art nicht enden wollender Sozialprotzerei entlassenen älteren Betriebsangehörigen Arbeitslosengeld und vorzeitige Renten beschert; nun, da sich aus dem schier unerschöpflichen Sack sozialer Wohltaten nichts mehr hervorzaubern ließ, waren unversehens die Betriebe zu Zahlmeistern degradiert worden und sollten das Arbeitslosengeld erstatten. Bevor aber jenes Paragraphenmonster unheilvolle Rechtswirksamkeit entfalten würde, galt es möglichst schnell und möglichst viele ältere und länger Beschäftigte aus dem Betrieb zu kehren.

„Was oben arbeitsfördernd ausgedacht, wird unten entlassungsfördernd angedacht", begrübelt Trutzig die Lage. Er hatte die beiden letzten Nächte mehr in achtsamer Wachsamkeit, denn in schlafsamer Nachtsamkeit verbracht. Die zweitägignächtigen Auseinandersetzungen um einen Sozialplan waren nun erfolgreich abgeschlossen. Erfolgreich – weil zu Ende – für ihn; erfolgreich nicht so sehr für die beidseitig Betroffenen. Die einen waren betroffen über den verlorenen Arbeitsplatz, die anderen über die hohe Abfindungszahlung.

Seine Gedanken bewegen sich in den Nachläufen des Geschehenen. Das alles wäre nicht nötig gewesen; jedenfalls nicht so, wie geschehen. Über die Entlassungen und die Abfindungshöhe hätte man sich schnell einigen können. Doch in der Verhandlung vor der Schlichtungsstelle hatte die Zeit überwiegend für unendliche Scharmützel zwischen Betriebsrat und Geschäftsführung herhalten müssen. Alle Jahre hatte man beiderseits in unseliger Konsensbeflissenheit die Anpassung von Arbeitszeit und Lohn an die weglaufenden Kosten versäumt. „Immer mehr Lohn für immer weniger Arbeit" war die Devise gewesen. Vor allem nach dem Zusammenbruch jenes Imperiums der Staatssklaverei, was als solches zu bezeichnen nicht schicklich gewesen war, hatte man Maß und Ziel verloren. Jetzt hatte man es vor Augen: schwarz auf weiß und unbestechlich in der Bilanz von Republik und Betrieben.

Erst nachdem der Zorn von Betriebsrat und Gewerkschaft über eigenmächtige Akkordkürzungen, Arbeitszeitverlängerungen und des anderen mehr in dem Dampf aus hitzigen gegenseitigen Schuldzuweisungen mit verraucht war, hatte man sich schnell auf die 137 Entlassungen und die Abfindungshöhe von einem halben Monatslohn pro Jahr Betriebszugehörigkeit geeinigt. Der unparteiische Vorsitzende der Einigungsstelle hatte dem ausufernden Streit schließlich ein Ende gesetzt mit dem Bemerken, er sei nicht und fühle sich auch nicht dazu berufen, die Kastanien aus dem Feuer einer verfehlten Tarifpolitik und betrieblichen Schlendrians zu holen.

Derart treffsichere, zeitkritische Anmerkungen findet Trutzig umwerfend, weil von geistig gehaltvollem Seltenheitswert.

Jetzt beäugt er nochmals das Machwerk des verabschiedeten Sozial-, nein besser Entlassungsplanes, als das Telefon schnarrt.

Trutzig waltet seines Amtes und schaltet – die Sprechanlage ein. Seit sich sein Kollege von Ungern-Sterntal die Telefonitis, eine langwierige Sehnenscheidenentzündung am rechten Unterarm, zugezogen hat, bedient er sich des zeitgemäßen Komforts der Sprechanlage.

„Hallo, Trutzig hier. Ja, bitte – dort die Firma Dämmer & Joost? Gott zum Gruß, Herr Joost! Lange nichts von Ihnen gehört. Was führt Sie an die Strippe und mein Ohr?"

„Nein, nein", spricht es zaghaft vom anderen Ende, „Sie meinen bestimmt meinen Vater. Der ist nicht mehr da, hat sich zurückgezogen. Ich bin der Sohn, müßte mal mit Ihnen reden."

„Geht's um Entlassungen?"

„Ja, woher wissen Sie das? Wir wollen Leute freisetzen, ich meine freistellen."

„Ach, nun lassen Sie doch diese euphemistische Wortklauberei. Kündigen wollen Sie. Ich spreche immer von Kündigen und Entlassen. Das ist ja nichts Unsittliches; alle Welt entläßt."

„Ja könnten wir uns heut mittag zum Essen treffen?"

„Nein, vielen Dank – von den sogenannten Arbeitsessen halte ich überhaupt nichts. Da wird man nur müde, hat Bauchblähen, worauf ich auch die kümmerliche Politik und die Kümmernisse der Republik zurückführe. Meine Hauptmahlzeit ist abends zu Hause. Wenn ich mal abends draußen gut essen will, was ich im übrigen auch selbst bezahlen kann, dann nur mit einer schönen Frau zusammen. Nein lassen Sie uns heute abend, ich meine am Spätnachmittag zusammenkommen, hier im Verbandsgebäude. Da habe ich auch alle Unterlagen für Ihr Problem."

Trutzig pausiert kurz im Gespräch. Dann wechseln in schneller Reihenfolge Frage und Antwort.

„Wieviel soll'n's sein?"
„Wir dachten zunächst an etwa 35 Mitarbeiter."
„Sie hatten früher um die 350."
„Heute sind's etwa 320."
„Dann sehen Sie zu, daß wir auf 50 Entlassungen kommen."
„Warum so viele?"

„Das erkläre ich Ihnen später, heut nachmittag. Sie bringen bitte eine vollständige Personalliste mit allen Daten mit. Und die ziehen Sie bitte selbst, ohne Hilfe Ihrer Sekretärin; sonst weiß sofort jeder im Betrieb, daß eine Massenentlassung ansteht."

Sommerliche Wärme steigt rund um das Verbandsgebäude auf. Die Front getönter Scheiben großflächiger Fenster, angestrahlt von der schon etwas schräger stehenden Sonne, wirft goldenes Gelicht in die Parkanlage, als Dipl.-Ing. Joost und ein Begleiter dem wuchtig gerundeten Oval der Limousine entsteigen. Trutzig hat eine Verschnaufpause eingelegt und Ausschau gehalten. So – seine Gewohnheit bei zu erwartenden hohen Herren, wie er eine Mehrzahl von Besuchern zu nennen pflegt.

Bei der Begrüßungszeremonie bringt Joost zunächst bedauernd zum Ausdruck, daß man leider noch keine Gelegenheit persönlichen Sichkennenlernens gehabt habe. Trutzig merkt tröstend an, die meisten Gesprächspartner seien ihm auch nach dreißig Jahren in den Sielen des Verbands nur vom Telefon bekannt. Erst wenn es echt problemele, werde der Zwang zu persönlicher Kenntnisnahme von einander unvermeidbar. In der Vergangenheit, wenn auch mehrere Jahre zurück, habe enge Verbindung zum Hause Dämmer & Joost bestanden. Eigenbelobigung nicht scheuend, erinnert er an die seinerzeit glücklich gelungene Entlassung eines Betriebsratsmitgliedes. Mit der daraufhin eingekehrten Ruhe betrieblichen Friedens habe sich der vormals enge Kontakt auf eine erfreuliche Weise verflüchtigt.

Trutzig wendet sich dem weiteren, unbekannten Besucher zu, der sich als der neue Geschäftsführer von Dämmer & Joost entpuppt. Joost stellt Herrn Dr. Eckner vor, um sodann entschuldigend zum Ausdruck zu bringen, daß er seinen Begleiter ohne vorherige Ankündigung mitgebracht habe. Trutzig beruhigt und spricht lateinisch: „Tres faciunt collegium. Drei sind besser als zwei."

Kaum hat man sich im Besprechungszimmer niedergelassen, als Trutzig wie jedesmal bei solcher Gelegenheit seine Neugierde offen zur Schau trägt und unverblümt die Frage entfleuchen läßt, wieso man in der Suche nach Rat und eventuell auch Tat gerade auf seine Person verfallen sei.

„Sie sind mir, woher auch immer, sehr empfohlen worden", ergreift Dr. Eckner das Wort. „Ehrt mich ungemein oder auch nicht", lautet die Erwiderung. „Sie sollten vielleicht wissen", setzt Dr. Eckner fort, „daß ich seit Anfang des Jahres im Hause zusammen mit Herrn Joost tätig bin. Mein Vorgänger hat leider den Abgang zur Konkurrenz vollzogen – Mitte des vergangenen Jahres. Das hat zu einigen Problemen geführt, und ich bin kurzfristig als Geschäftsführer hier eingestiegen."

„Um Leute zu entlassen, sprechen wir es offen an."

„Nein, nein, Sie mißverstehen uns. Die Firma ist ..."

„Meine Herren, reden wir offen miteinander. Es ist ja mein Geschäft. Gerade jetzt – alle Welt entläßt doch wegen der Verrücktheiten in Bonn und nicht zuletzt auch in Kassel", wärmt Trutzig die beiden Herren an. „Bei mir sind Sie an der richtigen Adresse."

„Ja, ich möchte ja nur klarstellen, daß es sich nicht um eine Notoperation handelt. Die Firma schreibt schwarze Zahlen. Der Laden läuft sogar bis heute, und wir hoffen auch weiterhin, ohne Bankkredite. So etwas gibt es auch noch. Aber wie Sie richtig sagen ..."

„Dann ist also Geld da, viel Geld – für einen ordentlichen Sozialplan. Das vereinfacht die Sache nicht unerheblich", bricht Trutzig dazwischen und atmet erleichtert auf. „Der Mann macht den Eindruck eines Profi", überlegt er im Stillen, „und macht das nicht zum ersten Mal."

Unterdessen holt Joost aus einem kleinen Köfferchen einen schwarzen Kasten heraus, klappt ihn auf, aktiviert einen Bildschirm, drückt ein paar Tasten und läßt Personaldaten reihenweise über die Fläche hinwegflattern. „So, da hätten wir's", heißt es befriedigt, „unsere Entlassungsliste."

„Es sind 34 Mann, natürlich auch Frauen darunter", schaltet sich Dr. Eckner wieder ein. „Ich bin nicht als Ausputzer hier, um keinen falschen Eindruck entstehen zu lassen. Ich bin mit einer finanziellen Beteiligung in die Firma eingestiegen; von Beruf Wirtschaftsprüfer und etwas Unternehmensberatung. Wenn wir Entlassungen vornehmen, so ist das reine Vorsorge: die hohen Lohnkosten bei der kommenden 35-Stunden-Woche, die Lohnfortzahlungskosten bei Krankheit und vor allem die Schwierigkeiten bei der Entlassung älterer Arbeitnehmer ab dem nächsten Jahr. Sie wissen ja: der § 128! Außerdem rechnen wir mit einem Umsatzeinbruch in der ehemaligen DDR. Was ich nicht verstanden habe – Herr Joost berichtete mir von dem Vorgespräch mit Ihnen, daß wir mehr Leute entlassen sollen, so um die 50 sagten Sie."

„Ich mache bei meinem trübsinnigen Geschäft", ergreift Trutzig mit grämlichem Stimmbelag die Gesprächsfortsetzung, „immer wieder die Erfahrung, daß die Firmen aus durchaus verständlichen, sogenannten sozialen Erwägungen in einem ersten Schritt zu wenig entlassen, um dann einen zweiten Personalschnitt zu machen. Das bringt doppelten Arbeitsaufwand und, was noch schlimmer ist, zweimal Unruhe in den Betrieb. Das Kündigungsschutzgesetz ist dank der Rechtsprechung des Bundesarbeitsgerichtes zum Kündigungsvereitelungsgesetz verkommen und in der Gerichtspraxis zu einem Abfindungsgesetz geworden. Zeit ist Geld. Ehe Sie sich vor dem Arbeitsgericht mit irrem Zeit- und Arbeitsaufwand um Abfindungen herumschlagen, können Sie das Ganze auch in einem Aufwasch mit einem Sozialplan erledigen. Und wenn Betriebsrat und Gewerkschaft sich querlegen, richtet es irgendwie die Einigungsstelle."

„Da haben Sie vollkommen recht. Ich hatte in einer der Firmen, die ich beraten habe, so einen Fall. Da kam einer zu spät, morgens zur Frühschicht um sechs – eine halbe Stunde später. Seine Maschine – die Leute sagen ja, das ist meine Maschine – war deswegen besetzt. Er sollte also an eine andere Maschine; die stand daneben. Sagt der zum Meister: ‚Da geh' ich nicht dran!' Und dann schüttet er dem Meister den Rest aus seiner Kaffeetasse vor die Füße, dreht sich um und geht. Ja – zum Kaffeezieh'n am Automaten hatte der sich auch noch Zeit genommen. Der flog natürlich hochkant raus, und das mit Zustimmung des Betriebsrates. Beim Landesarbeitsgericht hat er dann für sein vorbildliches Arbeitsverhalten 15 000 Piepen bekommen. Na, Schwamm drüber. Zum Geschäft zurück. Warum die 50 Leute?"

„Sie haben, wie ich sehe, noch 320 Leute.“ „317 sind es genau“, wirft Joost ein. „Gut, dann sind 15 % davon – wieviel?“ Joost bewegt die Tastatur. „47,55 also 48 Mann“, antwortet er. „Also, meine Herren, wenn wir 15% der Arbeitnehmer des Betriebes entlassen, ist die Aktion kraft Gesetzes sozialplanpflichtig. Das heißt, wir müssen darüber mit dem Betriebsrat verhandeln, Personenkreis und Abfindungshöhe in einer Betriebsvereinbarung schriftlich niederlegen, wie es im Gesetz heißt, und haben im Falle der Nichteinigung – ich doziere, Sie entschuldigen bitte – das Recht zur Anrufung der Einigungsstelle. Diese betriebliche Schlichtungsstelle legt dann die Bedingungen fest.“

„Das kostet aber eine Menge Geld – die Einigungsstelle; der Vorsitzende sahnt ganz schön ab, habe ich neulich auf einem Seminar gehört. Der Referent war nicht sehr angetan.“

„Ach woher, neidisches Geschwätz von Rechtstheoretikern. Die Einigungsstelle ist zwar von Pfründendenken bestimmt; aber im Vergleich zu einer Million Abfindung sind beispielsweise 10 000 für den Vorsitzenden und 7 000 für den armen Gewerkschaftssekretär als Beisitzer eine vernachlässigenswerte Größe. Da ist wirtschaftliches Denken angesagt, was Juristen schwer fällt. Bestes Beispiel: das Bundesarbeitsgericht, das mal sechs Prozent – allerdings Umsatzverlust im Jahr – als eine vernachlässigenswerte Größe bezeichnet hat.“

„Soweit wird es ja hoffentlich nicht kommen“, meldet Joost an. „Mein Verhältnis zum Betriebsrat ist gut, insbesondere zum Vorsitzenden. Die sind auch schon durch die monatliche Gesprächsrunde mit Geschäftsführung und Betriebsleitung geimpft.“

„Um so besser“, freut sich Trutzig, „dann lassen Sie uns jetzt die Personengruppen festlegen. Erstens: Haben Sie auch Personen berücksichtigt, die über zehn Jahre da und 53 oder 54

Jahre alt sind? Das heißt, die in ein oder zwei Jahren in den absoluten tariflichen Kündigungsschutz rutschen; die dann nur noch aus wichtigem Grunde entlassen werden können, also Beamtenstatus haben. Leute selbstverständlich, die entbehrlich sind. Ja, so verkehren sich leider beabsichtigte Wohltaten des Tarifvertrages in ihr Gegenteil. Allerdings sollten wir die Abfindung bei diesem Personenkreis etwas höher setzen."

Joost bearbeitet geschickt die Tastatur. „Der ist besser als ein Konzertpianist", staunt Trutzig in sich hinein. „Ja, da hätte ich noch zwei Frauen", kommt nach einiger Zeit das Ergebnis.

„Gut oder auch schlecht. Dann zweitens: Haben Sie alle in Ihrer Liste oder besser im Schirm, die erhebliche Fehlzeiten aufweisen?"

„Na, wegen Fehlzeiten wollten wir eigentlich nicht oder nur drei Mitarbeitern kündigen. Wir haben wegen der Sozialauswahl unter den jüngeren etwa 14 Personen vorgesehen."

„Um Gottes willen! Herr Joost! Sie können doch nicht künftige Leistungsträger aus dem Gefecht ziehen! Packen Sie die Liste um! Sozialplan und Sozialauswahl haben zwar die Vorsilbe ‚sozial' gemeinsam, was aber nichts besagt. Sie waren bestimmt nicht bei meiner letzten Informationsveranstaltung hier im Haus. Mit der Sozialauswahl ruinieren Sie Leistungsgefüge und Leistungskraft des Betriebs. Sie müssen den Betrieb doch flott halten. Stellen Sie eine Wunschliste mit Fehlzeitkandidaten auf und verhandeln Sie darüber mit dem Betriebsrat. Viele Betriebsräte – im Unterschied zur Gewerkschaft – wissen heutzutage, um was es geht, und sind hilfsbereit."

„Herr Trutzig", unterbricht Dr. Eckner das Zwiegespräch mit Joost, „wir haben noch die über 57 Jahre alten Mitarbeiterinnen und Mitarbeiter. Die sind alle weit über zehn Jahre im

Betrieb. Da steigt die Abfindungssumme raketenhaft in die Höhe. Rechnen Sie nur mal ein halbes Monatseinkommen je Beschäftigungsjahr. Das sind etwa zwanzig Leute mit im Schnitt 15 Jahren Betriebszugehörigkeit. Das kostet mich schon etwa eine dreiviertel Million Abfindung. Wenn nächstes Jahr der § 128 kommt, werde ich die nur mit großen Schwierigkeiten, wenn überhaupt und außerdem mit noch mehr Geld los. Denken Sie nur an die Erstattung des Arbeitslosengeldes."

„Problem bestens bekannt, Herr Dr. Eckner. Aber das ist schon mal gut, wenn Sie ein halbes Monatseinkommen als Abfindung in Rechnung gestellt haben. Damit haben Sie, Herr Dr. Eckner, schon gewonnen." Trutzig strebt dem Ende der Veranstaltung zu und legt die Marschroute fest.

„Sie gehen mit einer Liste von 49 Personen zum Betriebsrat. Für den Fall, daß Sie zu keiner Einigung kommen, haben wir den Einstieg in die Einigungsstelle. Läuft die Verhandlung gut, so daß die E-Stelle entbehrlich ist, dann lassen Sie sich auf 40 Personen drücken. Ein Erfolgserlebnis, wenn auch ein schales für den Betriebsrat. Das sind voraussichtlich etwa zwanzig 128er, zehn mit hoher Fehlzeitenquote und weitere zehn Personen aus sonstigen Gründen: Leistungsschwache, Bummelanten und Tarifgeschützte. Rechnen Sie mal aus, Herr Joost, welche Summe bei einem Durchschnittseinkommen von 4 200 DM und einer Durchschnittsbetriebszugehörigkeit von 14 Jahren – ich peile das schätzungsweise mal so an – rauskommt: ein halbes Einkommen sind 2 100 mal 14 mal 40. Na was gibt das?"

„1 176 000 DM, also 1,2 Millionen", rechnet Joost.

„Ist das akzeptabel, Herr Dr. Eckner?" lautet die mehr rhetorische Frage von Trutzig.

„Das läßt sich machen. Da ist schon eine Rückstellung in der Bilanz, vorsorglich gemacht“, kommt es von Dr. Eckner.

„Ausgezeichnet! Dann schlage ich doch folgende Vorgehensweise vor. Sie verhandeln mit dem Betriebsrat – ohne mich! Nicht, daß ich mich drücke; aber bin ich mit von der Partie, taucht auf der anderen Seite von Anfang an einer meiner Kollegen von der Gewerkschaft auf. Verhandeln Sie allein, besteht die Chance einer schnellen Einigung. Selbstverständlich nehme ich Kontakt mit der Gewerkschaft auf – zu gegebener Zeit, aber das überlassen Sie mir.“

„Und was für ein Angebot machen wir?“

„Den vollen Betrag: einen halben Monatslohn, beziehungsweise ein halbes Gehalt je Beschäftigungsjahr. Keinen basarhaften Tarifpoker: mit einem Prozent anfangen und sich bei zehn Prozent zum Erstaunen aller einigen! Das überlassen wir anderen. Sie glauben nicht, wie man mit einem fairen Angebot die Gegenseite beeindruckt. Mehr gibt es, und das weiß auch der Betriebsrat, weder beim Arbeitsgericht noch bei der E-Stelle. Ich suche Ihnen noch zwei Exemplare jüngst abgeschlossener Sozialpläne heraus. Die schicke ich morgen früh per Boten, und wir sind die nächsten Tage ständig zusammen – übers Telefon, notfalls persönlich.“

Allseitige Erleichterung dehnt sich durch den Raum. Alle drei atmen auf und blinzeln dem vor der Türe lauernden Ende des Gespräches entgegen. Sorgengeschwängert ob des nicht alltäglichen Vorhabens erheben sich die beiden Besucher. Trutzig geleitet sie vorsichtig durch die dämmerige Halle.

„Schon sonderlich, wenn man unter dem Zwang des Gesetzes und dem Druck der Gerichte solche Blitzaktionen starten muß“, resigniert Dr. Eckner vor sich hin, und Trutzig tröstet hoffnungsvoll: „Hauptsache – der Betrieb läuft weiter, hinterm Horizont wird's heiter."

In Firma Dämmer & Joost wurde zwei Tage intensivst verhandelt. Wie immer, wenn Geld vorhanden und das betriebsverfassungsrechtlich postulierte Miteinander nicht getrübt war, hatte sich der Betriebsrat nicht mit Hilfestellung der Gewerkschaft in einer Art sozialistischer Wagenburg ideologisch verschanzt. Die personellen Schwachstellen waren auch ihm bekannt. Unter vier Augen bekannte der Betriebsratsvorsitzende Donner gegenüber Dr. Eckner offen, man habe sich schon länger gefragt, wann endlich etwas gegen im Betrieb offen zur Schau getragenes Krankfeiern unternommen werde. Während der Verhandlung waren einige Betriebsratskollegen hilfreich eingesprungen und hatten Joost etliche Frauen und Männer genannt, die an einem vorzeitigen Ausscheiden interessiert wären, wenn nur „die Kasse stimme"; darunter waren sogar zwei Schwerbehinderte.

Nicht Dr. Eckner und Joost, aber auch nicht Trutzig in telefonistischer Dauerstellung hatten sich geziert, als es darum ging, in dem Abfindungpaket zusätzlich das anteilige Weihnachtsgeld steuerfrei zu plazieren. Trutzig tummelte sich alsdann mit dem Entwurf einer maßgeschneiderten Vereinbarung für die Entlassungen und Abfindungen – in juristisch verbogener Gesetzessprache: Interessenausgleich und Sozialplan.

Mit diesem Schriftstück begab sich, was Trutzig bekannt, eine Delegation des Betriebsrates zum zuständigen Gewerkschaftssekretär Rotenfels. Ihn hatte Trutzig zuvor eindringlich gebeten, von Einmischung in die Verhandlung und Aufmischung der Beteiligten aufgrund der großzügigen Abfindungsregelung gebührenden Abstand zu nehmen; für gewerkschaftliche

Selbstdarstellung und Tarifpokerpossen sei da mal ausnahmsweise keine Schaubühne aufgebaut. Grummelnd hatte Rotenfels sich zufrieden gegeben. Falls Schönheitsreparaturen an seinem Entwurf sich als unumgänglich erweisen sollten, so hatte Trutzig versichert, werde er mit wie üblich hochgestellten Ohren durchaus zugänglich sein.

Und nun ist Rotenfels im Lautsprecher und tönt angreiferisch: „Also eins haben Sie vollständig übersehen – übersehen, so will ich zu Ihren Gunsten annehmen! Oder wollen Sie mich leimen? Das können Sie mit mir nicht machen, wie Sie genau wissen! So einfach lassen wir uns die Mitbestimmung nicht vernaschen."

Bei Trutzig tritt, was selten vorkommt, totale Verwirrung ein. Was soll er nur falsch gemacht haben. Ein Falsch hat ihm nicht im Sinne gelegen. Auf die vornehme englische Tour sollte die Sache rundum behandelt werden. So bleibt ihm nur zu erwidern: „Ich weiß bestimmt nicht, was Sache ist. Es geht doch um meinen Entwurf; den habe ich fast wörtlich von dem letzten, mit Ihrem Kollegen Streitlich ausgehandelten Sozialplan abgeschrieben. Was sollen die Vorwürfe?"

Daraufhin gönnerhaft und belehrend der Hinweis: „Sie müßten eigentlich § 38 kennen – ich meine: des Betriebsverfassungsgesetzes."

„Natürlich, aber was soll das? Bin ich hier etwa im Dritten Staatsexamen als Hilfsbremser beim Landesarbeitsgericht?" Trutzig wacht allmählich auf und spannt, daß Rotenfels – beide kennen sich lang genug, fast schon zu lange – ihn hochnimmt.

„Herr Trutzig, wie können Sie mir das antun?" frotzelt es nun in den Raum. „Mit Ihrer Aktion sinkt die Belegschaftszahl unter 300 – nämlich 277 Arbeitnehmer. Damit entfällt der

Anspruch des Betriebsratsvorsitzenden auf vollständige Freistellung von der Arbeit. Das wollen Sie uns doch wohl nicht antun?"

„Da sei Gott vor", beeilt sich Trutzig, „aber ich kann doch nicht in die Betriebsvereinbarung schreiben, daß der Vorsitzende weiterhin freigestellt bleibt. Das ist Begünstigung im Amt. Sie kennen doch § 37 Absatz 1."

„Nicht so hastig! Uns genügt da ein Schreiben der Firma an die Gewerkschaft. Ich will aber noch mehr. Sie müssen uns schon bestätigen, daß der Betriebsratsvorsitzende Donner freigestellt bleibt; auch über die nächste Betriebsratswahl hinaus – selbstverständlich soweit er wiedergewählt wird – und auch bei weiterhin absinkender Belegschaft, sagen wir, bis zu 250 Arbeitnehmern."

„Das ist kein Problem. Ich mache einen Entwurf, faxe den Ihnen zur Begutachtung und dann bekommen Sie das als Schreiben der Firma. Uns liegt nämlich sehr an weiterer gedeihlicher Zusammenarbeit, wie es so schön heißt, mit Herrn Donner."

„Dann sind wir uns einig – bis auf einen Punkt. Meinen Sie nicht, daß man den Schwerbehindertenzuschlag bei der Abfindung etwas erhöhen könnte?"

„Ja, das sind drei Personen. Sagen wir von 2 500 auf 4 000 DM je Person? Das macht die Firma ohne weiteres."

Nicht nur aufgrund dieser spontanen Zusage weiß Rotenfels als alter Fuchs, daß man ihm diesen Knochen zum Benagen hingeworfen hat. „Immerhin", denkert es in ihm, „in manchen Dingen kann Trutzig überraschend großzügig sein." Und für ihn selbst, wenn auch nicht vonnöten, ist es zusätzliche Politur auf seinem Ansehen unter all den Kollegen. Nicht auszuschließen auch, daß Trutzig ihm auf diese Weise Gutes wollte zukommen lassen.

Doch die Entlassungswellen bekümmern ihn, und es gelingt ihm jetzt – ganz im Unterschied zum Gesprächsbeginn – nur noch ein zögerlich Gedämpftes: „Na, das wär's denn. Vielen Dank. Das kann so unterschrieben werden."

„Ganz meinerseits. Und alles Gute", schließt Trutzig aufatmend.

Immer wieder, aber auch immer häufiger schlägt Trutzig in den täglich unzähligen Telefonaten der Unwille über das festgefahrene und erstarrte Personalgefüge in den Betrieben entgegen. Neueinstellungen seien unmöglich, weil Kündigungen unmöglich geworden seien. Sein Rat zur Abfindungszahlung stößt auf massiven Widerspruch. Wo blieben denn Recht und Gerechtigkeit, wenn man bei jeder Einstellung schon gleich die Abfindungszahlung einkalkulieren müsse, wurde ihm entgegengehalten.

Sein hilfsweise erteilter Vorschlag zur befristeten Einstellung, weil man dann die Kündigung vermeide, findet wenig Gegenliebe. Nach Ablauf der Befristung sei eine weitere Befristung nicht möglich; ganz abgesehen davon, daß die Dauer des Arbeitseinsatzes schwierig abzuschätzen sei. Außerdem sperrten sich die Betriebsräte gegen befristete Einstellungen. Besessen von der Vorstellung betrieblicher Sozialpflichtigkeit, verlangten sie die Schaffung von Dauerarbeitsplätzen für Arbeitslose.

Aus diesem Grunde scheitere auch die Aufnahme von Leiharbeitnehmern – ein weiterer Ausweg, den Trutzig zu begehen rät. Man könne es sich nicht mit Betriebsräten verderben, von deren guten Willen insbesondere bei Entlohnungsproblemen man absolut abhängig sei.

Versetzungen würden auch zusehends schwieriger, wird geklagt. Selbst der nur vorübergehende Einsatz an Arbeitsplätzen mit geringerem Lohn sei nicht mehr machbar. Die Zustimmung der Betriebsräte sei nur gegen die Zusicherung des alten Lohnes erhältlich. Und schon wehre man sich gegen Versetzungen überhaupt: jedermann stehe ein fester Arbeitsplatz unabänderlich zu.

Nicht endender betrieblicher Mißmut macht sich allerorten zwar schon seit längerem breit, bricht sich jedoch, von Monat zu Monat verstärkt, brisante Bahn. Niemand bleibt verschont von den Ausbrüchen der gebeutelten Klein- und Mittelbetriebe; und den „Großen" wird es ebenfalls mulmiger.

Darum geht es auch jetzt im Gespräch mit Dr. Eckner. Wie manch anderer Unternehmer hat er es sich nicht nehmen lassen, in eigener Person bei Trutzig vorzusprechen, um sich geflissentlicher Danksagung zu entledigen, was Trutzig wiederum zu schätzen weiß. Es bleibt nicht aus, daß das Gespräch einer Einschätzung empfindlicher Unzulänglichkeiten im republikanischen Wirtschaftsverständnis zugleitet.

Dr. Eckner bringt sarkastisches Erstaunen über die Unfähigkeit der „drei großen P" – nämlich Politiker, Parteien, Parlament – mit der Fragestellung zum Ausdruck, ob denn überhaupt kein Gespür dafür vorhanden sei, daß die Arbeitslosenziffer durch Gesetz und Rechtsprechung zwangsläufig nach oben gedrückt werde. Das beste Beispiel sei doch das Inkrafttreten jenes Paragraphen, der alle Betriebe geradezu anstachele, jedweden älteren Mitarbeiter zu entlassen, bevor die Gesetzesfalle zuschnappe; an eine derart umfängliche Entlassungsaktion hätte er unter anderen Umständen nicht im Traume gedacht. Es sei doch offensichtlich, daß Massenentlassungen auf diese Weise provoziert würden.

Trutzig bestätigt das betriebliche Rennen, noch rechtzeitig auf den abfahrenden Zug aufzuspringen. „Wissen Sie, die Sache hat aber auch noch eine andere Seite. ‚The other side of the coin‘, wie auch die Engländer zu sagen pflegen. Die Entlassenen sind ja ganz überwiegend mit ihrem neuen Status zufrieden. Die älteren Jahrgänge, bei denen Schule, Lehre und Arbeitsanfang in die Kriegs- und ersten Nachkriegsjahre gefallen sind, haben doch mehr als genug gearbeitet und sind es verständlicherweise leid – absolut leid. Dazu gehören auch unsere lieben Gast-, früher Fremdarbeiter, die nach 15 oder 20 Jahren ungewohnter Industriearbeit die Nase voll haben und mit einem Batzen Geld nach Hause wollen.“

„Das mag so sein“, wirft Dr. Eckner dazwischen. „Aber die um sich greifende Entlassungshysterie, der sich kein Unternehmer entziehen kann, muß nicht sein. Und ich verstehe überhaupt nicht, daß sich das Lager der Arbeitgeber dieses sozialistische Eiferertum von Blüm gefallen läßt. Abgesehen von den Verrücktheiten der Pflegeversicherung – das ist doch ein Skandal, wie er die Arbeitgeber wegen der Entlassungen beschimpft; daß wir mit den vorzeitigen Entlassungen die Arbeitslosenversicherung und den Staat ausplündern. Dabei stammt die Hälfte der Beiträge zur Arbeitslosenversicherung von uns, den Unternehmern! Das ist unser Geld und nicht Blüm's! Aber niemand haut dem kräftig auf sein unverschämtes Maul.“

„Das können Sie von den Verbänden nicht erwarten. Ganz unter uns gesagt, die parteipolitische Anbindung, ... ich meine, ... die Unternehmer in Deutschland ...“

„Ach, stottern Sie doch nicht herum. Entschuldigen Sie, Herr Trutzig. Ich weiß längstens Bescheid. Kenne mich da aus. Die sind in den Verbänden und auch in den Etagen der Unternehmerschaft weitgehend parteipolitisch liiert. Da hackt eine Krähe der anderen kein Auge aus. Nur der Mittelstand – ja, der steht außen vor. Wie immer: den letzten beißen die Hunde. Wenn ein Weiss vom BDI und ein Pöhl von der Bundesbank zurücktreten, dann schrillen bei mir die Alarmglocken. Und ich fahre jetzt meinen Kramladen personell so eng wie möglich. Ich kann es etliche Zeit ohne neue Leute und auch ohne Azubis aushalten. Und wem es bei uns nicht gefällt, kann ja gehen; nur es geht eben keiner mehr in diesen Zeiten."

Dr. Eckner, ein zierlich-drahtiges Männchen, leichtet aus dem bequemen Sessel. „Sehr interessant das alles. Das muß es ja auch für Sie selbst sein, Herr Trutzig."

„Ja, durchaus und in jeder Hinsicht: juristisch und historisch", pflichtet Trutzig sibyllinisch bei. „Da sagen Sie etwas! Ich verstehe. Nur hoffe ich, daß unser Betrieb nicht unter die Räder kommt", erwidert Dr. Eckner, indem er die Hand reicht. „Oder zwischen die sozialistischen Mühlsteine: ein roter unten, ein schwarzer oben", ergänzt Trutzig, die Hand seines interessanten Gesprächspartners ergreifend.

„Ich darf Sie noch nach draußen bringen", schiebt er die Türe auf. „Danke, danke!" Beide betreten das gesteinte Grau der Halle. An deren Ende gleitet das Panzerglas beiseite. „Alles Gute, Herr Trutzig!" „Dasselbe Ihnen, Herr Dr. Eckner!"

„Ein Bruder im Geiste. Gott sei Dank, daß es davon noch welche gibt. Nur selten leider berühren sich ihre Bahnen, um dann wieder voneinander weg zu ziehen", spielen die Gedanken, als er bedächtig die Treppen hochsteigt. Es gibt noch zu tun.

„Herr Trutzig, Herr Trutzig – Herr Kollege, Sie müssen mir helfen", schallt es ihm oben entgegen. „Ich habe Ihnen doch von meinem Fall erzählt. Sie wissen doch. Ich sitze da an dem

Schriftsatz, wo es um die Rücknahme der Kündigung geht. Das Bundesarbeitsgericht ist ja da der Auffassung ..."

„Bundesarbeitsgericht ...?" belustigt sich Trutzig. „Wenn ich das schon höre! Soll'n nur alle Betriebe auswandern. Dann hat das Gericht – Gott sei Dank – nichts mehr zu tun, kann keinen Flurschaden mehr anrichten. Wie soll ausgerechnet ich Ihnen helfen, Herr von Ungern-Sterntal?"

„Wie? So gestelzt? Ungern, mein Name – jedenfalls für Sie!"

„Helfen? Und dann auch noch bei einem Berufungsschriftsatz? Mein lieber Ungern! Sie wissen genau, daß sich der Landesarbeitsgerichtspräsident über meine Schriftsätze lauthals beschwert hat. Seither trage ich einen Maulkorb. Ich muß vorsichtig sein, sonst entläßt mich der Verband", Trutzig schmunzelnd, „noch auf meine alten Tage."

„Ach, alles Schwachsinn, Sie sind wirklich lustig – zu später Stunde. Kommen Sie, ich habe die Entscheidungen rausgekramt. Geh'n wir in die Bücherei, Kaffee ist auch da."

Neunte Begebenheit

Führerscheinprüfung und Kündigung

Nach Lennkirchen war Fabricius gerne unterwegs. Das Arbeitsgericht war in weiten Teilen seiner Gliederung von wohltuender erlesener Atmosphäre durchdrungen. Das industrielle Umfeld hatte sich in den letzten Jahren zerfurcht und Gramfaltungen allenthalben hinterlassen. Arbeitsamt, Krankenkasse, Gewerbeaufsicht, Gewerkschaft und Arbeitsgericht hatten in ihrem beflügelten Drang, soziale Pflöcke immer weiter in anscheinend unerschöpflich fruchtbaren und ergiebigen Boden zu schlagen, einhalten müssen. Unbequeme Einsicht und behutsame Zurückhaltung hatten, wenn auch zögerlich Einkehr gehalten.

Galt solches für die älteren unter der zahlreichen Richterschaft, die Teil der den sozialen Himmel vergeblich bestürmenden Bataillone gewesen waren, so beäugten die jüngeren, obschon etliche Jahre im Amt befindlichen Kollegen die Betriebe noch immer als einen Ort zwanghaften und fremdbestimmten Aufenthaltes, den so angenehm wie nur irgend möglich es richterlich umzugestalten galt.

Zu zwei Juristen aus der großen Rechtsabteilung des örtlichen Arbeitgeberverbandes hatte Fabricius ein gutes Verhältnis. In verbandschaftlicher Verbundenheit duzte man sich. Auch deswegen war er nach Lennkirchen gerne unterwegs.

Mit seinem Fällchen, das auf dem Nebensitz seines Fahrzeugs im schwarzen Täschchen ruhte, konnte er „keinen Blumentopf gewinnen", wie es fachsprachlich unter seinesgleichen hieß. Das war Fabricius zur Genüge bekannt. Wenn jemand während Arbeitsunfähigkeit in dem einen Betrieb, in dem anderen in Nachtschicht arbeiten durfte, wie das Bundesarbeitsgericht in seiner unaussprechlichen Weisheit nicht ausgeurteilt, aber offen gelassen hatte, dann durfte man auch während Arbeitsunfähigkeit den Führerschein machen. So lag der Fall.

Seit mindestens 15 Jahren kannten sich Fabricius und Krak, Teilhaber der Firma Chevalier & Krak KG – ursprünglich eine Gründung des Urgroßvaters Alfons de Chevalier seiner teilhabenden Ehefrau Alice. Mit gerade mal 37 Leuten, die beiden strebsam tätigen Söhne nicht eingerechnet, handelte es sich eigentlich um nichts anderes als eine Klitsche. So nannte man teils liebevoll-verächtlich, teils achtungsvoll Klein- und Kleinstbetriebe im Verbandsjargon. Doch der Betrieb hatte sich unter Krak zu einem beachtlichen Nischenproduzenten in der Kraftfahrzeugbranche gehäutet. Und seit dem Umzug ins Industriegelände, vor zehn Jahren, war alles noch feiner geworden. In der Produktionshalle konnte man vom Fußboden essen – eine Redewendung, mit der Fabricius Hochachtung vor verantwortlich unternehmerischem Tun zu bezeugen pflegte.

Alle Jahre mal kam man in Kontakt, wenn sich Unersprießliches im Betrieb getan hatte. Krak hatte fristlos gekündigt und sah sich nun der Kündigungsklage beim Arbeitsgericht ausgesetzt.

Zu Jahresbeginn hatte er eine Flüchtlingin (Wortschöpfung in Rücksicht auf unser femininschwangeres Zeitalter) aus Bosnien eingestellt. Vorher war sie stundenweise als Aushilfe auf Abruf tätig gewesen. Da sie wie viele ihrer Landsleute gut Deutsch sprach, hatte er ihrem ständigen, fast bettelhaften Drängen nachgegeben und sie fest eingestellt. Schon in den ersten Monaten hatte sie dreieinhalb Wochen Fehlzeit angesammelt. Krak war das nicht Warnung gewesen. Ende Juli waren sechs Monate Beschäftigung vorbei. Frau Cirkovic war über ihren damit erreichten, neuen sozialen Status bestens aufgeklärt. Sie wußte, daß von nun an Arbeitsleistung und

Verhalten im Betrieb nicht mehr betrieblicher, sondern lediglich arbeitsgerichtlicher Kontrolle unterworfen waren. Sie war der Segnungen des Kündigungsschutzgesetzes teilhaftig geworden.

In dem Kleinbetrieb von Chevalier & Krak kannte jede jeden und jede oder jeder jede und jeden. Als Frau Cirkovic von Mitte August bis Mitte September betriebsabwesend war – wegen Krankheit selbstverständlich –, drang Krak betrieblicher Unwille zu Ohren. Man wollte wissen, „Cirk" mache Urlaub – zu Hause in Jugoslawien. Frau Buchtreu, zuständig unter anderem auch für Personal und Lohnbuchaltung, wurde angewiesen, die Fehlzeiten aufzulisten. Krak kam aus dem Staunen nicht heraus: in acht Monaten siebeneinhalb Wochen Ausfall. Sein Ärger entlud sich ungerechtfertigt auf dem zuständigen Meister, der erfolglos vor Monaten auf eine Entlassung gedrängt hatte. Der Meister bat um eine Woche Urlaub, den Krak widerwillig gewährte; denn es war Resturlaub aus dem Vorjahr, da konnte er nicht ablehnen. Außerdem war er auf den Meister wie auf alle guten Leute dringend angewiesen. Die Personaldecke war eng zugeschnitten.

Ende Oktober fehlte „Cirk", wie Frau Cirkovic im Betrieb gerufen wurde, erneut – und zwar schon die ganze Woche. Am Samstag sah Krak sie beim Ampelhalt am Steuer eines Autos sitzen. Er wußte von seinem Sohn, der in der Woche gerade den Führerschein gemacht hatte, daß auch Frau Cirkovic sich im selben Lehrgang um dessen Erwerb mühte. Seine Vermutung bestätigte sich zu Hause, als er seinen Kegelbruder Jochen, den Inhaber der Fahrschule, anrief. Jochen klärte Krak dahingehend auf, daß Frau Cirkovic tagszuvor, am Freitag, die Fahrprüfung abgelegt und in der Woche zwei Fahrstunden genommen habe.

Da schritt Krak zur Tat und kündigte „Cirk" fristlos. Feiertagsbedingt ging das Schreiben bei „Cirk" erst am 2. November ein. Sie beeilte sich und erhob selbigen Tages Klage beim Arbeitsgericht. Schon drei Wochen später, auf einen nebelwabernden Ende-November-Tag, war Termin zur Güteverhandlung anberaumt. Da stand nun Fabricius.

Gleich bei Betreten des Saales wähnte er Ungemach. Die Verhandlung lag in den nicht allzu bewährten Händen eines noch sozial ungestümen Richters der jüngeren Generation. Völlig ungerührt zeigte sich dieser trotz wort- und gestenreicher Schilderung des Sachverhaltes. Fabricius verscheuchte mit seiner blumigen Ausschmückung des Geschehens sogar die gähnende Langeweile, die sich unter einer Gerichtsluft erschnuppernden Schulklasse im Zuhörerraum breit gemacht hatte. Deren Lachen wurde unwirsch vom Richtertisch her unterbunden. Die Klasse kuschte.

Je länger der Redeschwall von Fabricius zur Begründung der fristlosen Kündigung, desto weiter das Rutschen des Richters hinein in seinen weiten, hochlehnigen, den Saal überragenden Stuhl mit messingnägelbeschlagenem Lederbezug. Seine Arme ruhten lässig gestützt auf den Lehnen seines Hochsitzes, und in für jedermann sichtbarer Langsamkeit falteten sich seine Hände über dem schwarzen Talar. So verbreitete er jetzt von der Richterempore aus Langeweile, wie zuvor unter den Zuhörern geherrscht hatte. Die Richteraugen glitten hin und her über den Saal und hielten bisweilen bei Fabricius inne – unverkennbar Amüsiertheit ausstrahlend darob, wie dieser sich abstrampelte.

„Nihil probat, qui nimium probat“, ging es Fabricius durch den Kopf. „Nichts beweist, wer zuviel beweist. Nichts sagt, wer zuviel redet.“ Er wußte um die Vergeblichkeit seines Mühens; denn der amtierende Richter war ein knochenharter Jünger höchstrichterlicher Rechtsprechung. Doch gerade deswegen, um die zwischen betrieblichem Geschehen und wirklichkeitsentfernter juristischer Besessenheit auseinanderklaffende Absurdität augenfällig zu demonstrieren, hatte Fabricius sich ausführlicher und theatralischer Darstellung befleißigt.

Als er geendet hatte, war vom Richtertisch herab langsames Kopfschütteln die Antwort, verbunden mit dem kurzen Hinweis, daß Frau Cirkovic krank geschrieben gewesen sei und ein ärztliches Attest auch rechtzeitig vorgelegt habe. Damit liege ein unumstößliches Beweismittel vor, lautete die richterliche Belehrung von oben herab. Die Klägerin, gemeint war Frau Cirkovic, habe nicht unentschuldigt gefehlt; die fristlose Kündigung sei unbegründet. An Frau Cirkovic gewandt, fragte er, ob das alles stimme und ob sie während der Arbeitsunfähigkeit tatsächlich Fahrstunden genommen und die Prüfung abgelegt habe. Diese nickte eifrig.

Was sei denn dagegen einzuwenden, erging der Richter sich in weiterer Betrachtung des Falles, wenn jemand den Führerschein mache. Aber doch nicht während der Arbeitsunfähigkeit, schoß Fabricius quer. Beides schließe einander nicht aus, war die kühle Entgegnung, solange sich die Krankheit dadurch nicht verschlimmere. Dann könne man sich zur Gartenernte an der frischen Luft ja auch den gelben Urlaubsschein besorgen, wo sei da die Grenze, ließ sich Fabricius vernehmen. Diese entwürdigende Bezeichnung ärztlicher Atteste hatte eine richterliche Ermahnung an ihn zur Folge. Fabricius möge sich vor Anzeigen wegen Beleidigung und Verleumdung des ärztlichen Standes hüten.

Die Verhandlung endete mit dem Vergleichsvorschlag, das Arbeitsverhältnis durch fristgerechte Kündigung zu Ende November und mit einer Abfindungszahlung von einem vollen Monatslohn zu beenden. Kein halber Monatslohn Abfindung wie üblich, wurde Fabricius abgekanzelt, sondern ein ganzer Monatslohn, weil die Kündigung jeglicher Rechtsgrundlage entbehre. Frau Cirkovic strahlte; sie hatte kaum ein Wort während der ganzen Zeit sagen müssen. Aber Fabricius lehnte ab, woraufhin Kammertermin auf einen Tag im April des nächsten Jahres anberaumt wurde – fünf Monate später. Das sah Fabricius als richterliche Rache für unbotmäßiges Auftreten und Ablehnung des Vergleiches.

Krak war keineswegs verärgert, aber Fabricius kochte. Krak wußte, was sich in den betriebsfernen Gerichtssälen abspielte. Vor drei Jahren hatte er Fabricius, der unbedingt weiterstreiten wollte, gezwungen, zwei hohen Vergleichsvorschlägen zuzustimmen, weil ihm sinnvolles betriebliches Wirken besser schien als unsinniges Streiten bei Gericht. Auch jetzt bat er, den gerichtlichen Vorschlag aufzugreifen. Fabricius sah das ein, weil erst in fünf Monaten Kammertermin anstand. Fünf Monatslöhne Prozeßrisiko waren zu viel.

Doch er faßte in seinem Eifer nach, erkundigte sich bei Frau Buchtreu, ob nicht entgegen der Auskunft von Krak ein schriftlicher Arbeitsvertrag vorliege. Mit ihr konnte es Fabricius. Sie hatte in einer vorübergehend schwierigen Lage des Betriebes das höchste, ihm jemals entgegengebrachte Lob gezollt: „Herr Fabricius, wie gut, daß Sie da sind." Das hatte er nicht vergessen und sprang ihr seither hilfreich bei, wenn Wehwehchen im Personalbereich auftauchten. Frau Buchtreu zauberte einen auf den 30. November befristeten Arbeitsvertrag hervor.

Fabricius, der es dem Gericht zeigen wollte, zog jetzt alle Register seiner Überredungskunst gegenüber Krak. Mit dem befristeten Arbeitsvertrag vermindere sich das Prozeßrisiko auf einen Monatslohn, nämlich den Lohn für November. Am 2. November sei fristlos gekündigt worden; unterstelle man wie das Gericht die Unwirksamkeit der Kündigung, so bleibe es auf jeden Fall beim Ende des Arbeitsverhältnisses zum 30. November. Er zerstreute die Bedenken von Krak, der Arbeitsvertrag könne nichtig sein, und erreichte, daß Krak den gerichtlichen Vergleichsvorschlag beiseite schob.

Und dann schrieb er sich auf vierzehn Seiten Schriftsatz den Frust gegenüber Rechtsprechung und Gerichtsgebahren von der Seele. Schilderte das bedauerliche Los der vielen Arbeitslosen. Beleuchtete das großherzige Verhalten von Krak, der einer Bürgerkriegsflüchtlingin einen Arbeitsplatz geboten, ja sogar eine Art betrieblicher Heimstatt gewährt habe. Verbreitete sich über die hohen Sozialbeiträge und defizitäre Lage der Krankenkassen. Beklagte gerichtliches Unverständnis gegenüber den innerbetrieblichen Auswirkungen eines derart schmarotzerhaften Sozialverhaltens, wie es hier Frau Cirkovic an den Tag gelegt habe. Und er hatte Erfolg – im April des nächsten Jahres.

Die 10. Kammer des Arbeitsgerichtes Lennkirchen war bestens besetzt: mit einem ihm bekannten gestandenen Betriebsratsvorsitzenden aus einem kleineren und dem Personalchef eines, wie er später erfuhr, größeren Betriebes als beisitzenden ehrenamtlichen Richtern. Kammervorsitzender war nicht jener von weltverbesserlicher Anmaßungsideologie besessene Rechtsjünger des vorausgegangenen Termins; es war ein anderer, den betriebspraktischen Erfordernissen aufgrund jahrelanger Tätigkeit aufgeschlossener Richter juristisch unverbohrten Geblütes. Er wunderte sich über den langen Schriftsatz von Fabricius, bemängelte gegenüber dem Anwalt, den Frau Cirkowic mitgebracht hatte, das Fehlen einer gehaltvollen Erwiderung und tat unverhohlen die Meinung der Kammer kund, daß die fristlose Kündigung rechtens erfolgt sei.

Frau Cirkovic bejammerte laut und schließlich weinend die unerwartete Wendung der Dinge. Vor einigen Monaten habe ihr der Richter gesagt, sie bekäme eine Abfindung. Der Anwalt äußerte Empörung über die fehlerhafte Aufklärung seiner Mandantin in jenem Termin; die Sache sei außerdem doch glasklar. Das Gericht aber blieb hart und empfahl die Klagerücknahme.

Fabricius, eingedenk seines Wahlspruches „Im Siege großzügig, in der Niederlage gefaßt“, erklärte sich entgegenkommend zum Abschluß eines Vergleiches bereit. Das Arbeitsverhältnis wurde zum Zeitpunkt der fristlosen Kündigung, nämlich dem 2. November des Vorjahres, in beiderseitigem Einvernehmen beendet. Mit diesem einvernehmlichen Vorwand vom Makel der fristlosen Kündigung befreit, sollte „Cirk“ sich Arbeitslosengeld beschaffen können.

Krak war von alledem sehr angetan. Er bat Fabricius in den Betrieb und händigte ihm eine Flasche „Glendronach“ aus. Zugleich unterbreitete er, nunmehr mutig geworden, zwei weitere Problemfälle. Der eine war problemlos, weil kein Kündigungsschutz; der andere problembeladen mit neun Jahren Betriebszugehörigkeit, die trotz Kraks ständiger Unzufriedenheit ohne jede Beanstandung dahingekrochen waren. Entschuldigend meinte Krak, er habe nie eine Ersatzkraft gefunden, jetzt aber habe er eine und wolle die Mitarbeiterin los werden. Fabricius verlangte freie Hand und 15 000 DM Abfindung zur Regelung des Falles. Krak stimmte zu. Der Dame wurde fristgerecht gekündigt, sie wurde von der Arbeit freigestellt und durfte drei Monate spazieren gehen. Mit einer als recht clever bekannten Anwältin, an die sich die Entlassene gewandt hatte, wurde in zurückhaltend vornehmem Schriftwechsel das Arbeitsverhältnis abgewickelt. Fabricius – oder besser: Krak – kam mit einer Abfindungszahlung von 12 500 DM mehr oder weniger glücklich davon. Die Dame erhielt zum Abschied ein „vollste“ Zufriedenheit mit ihren Leistungen zum Ausdruck bringendes Zeugnis.

Fabricius schärfte Krak, nachdem alles überstanden war, ein, künftig bei Neueinstellungen umsichtiger zu Werke zu gehen. Sein Kleinbetrieb könne Problemfälle wie Kriegsflüchtlinge, Schwerbehinderte, ältere Leute, Langzeitarbeitslose oder Leute mit häufigem Stellenwechsel nicht verkraften. Kraks Einwand, trotz hoher Arbeitslosigkeit sei der Arbeitsmarkt von guten Kräften leergefegt, wischte er beiseite. Wer suche, der finde auch; in Personal und Personalsuche müsse man gerade im Kleinbetrieb heutzutage mehr Zeit als früher investieren. Und vor jeder, selbstverständlich nur befristeten Neueinstellung sei die Frage unabdingbar, ob tatsächlich dringende Notwendigkeit vorliege oder nicht maschinelle Ersatzbefriedigung möglich sei. Er mit seinem Betrieb könne nicht das Kreuz der Republik tragen. Das Kreuz sei zumal für die Kleinbetriebe zu schwer geworden. Das Geplärre in der Öffentlichkeit von der sozialen Verantwortung der Unternehmer sei reines Ablenkungsmanöver zur Vertuschung parteipolitischen und staatlichen Versagens. Dankbar verinnerlichte Krak das alles.

Komisch, dachte Fabricius auf der Rückfahrt, diese jüngeren Richter, obgleich immerhin etliche Jahre ihres Amtes waltend, merken überhaupt nicht, wie die Zeiten sich geändert haben. Bei fünf Millionen Arbeitslosen müßte man ja allmählich nachdenklich werden. Daß auch in Lennkirchen größere Betriebe mindestens ein Drittel der Belegschaft abspecken mußten, kann bei Gericht wohl kaum unbemerkt geblieben sein.

Und diese Unbekümmertheit, grübelte er, dies völlig fehlende Gespür dafür, welche katastrophalen Auswirkungen das verquerte Rechtsverständnis auf das Innenleben der Betriebe hat. Nicht nur Arbeitgeber – nein, sogar Vorarbeiter und Betriebsräte haben oft nur ein verständnisloses, bedauerndes Kopfschütteln für die Arbeitsgerichtsbarkeit auf ihrer von Mensch und Betrieb abgezäunten Spielwiese übrig. So schlägt es ihm abends und wochenends auf seinen Seminaren entgegen. Wenn außerdem, was oft genug geschieht, das persönliche Erscheinen der Parteien zum Termin angeordnet wird und demzufolge Unternehmer in höchsteigener Person vor Gericht erscheinen müssen und dort den rechtlichen Zauber mitbekommen, sind die erst mal auf längere Zeit kuriert. Da stellt niemand mehr ein.

Der Richter im ersten Termin hätte wenigstens, so setzte er sein Gedankenpuzzle fort, ein Wörtlein darüber verlieren können, daß das Verhalten der Frau nicht ganz passend gewesen sei, andererseits die Firma mit der fristlosen Kündigung überreagiert habe. Schon im Hinblick auf die Schulklasse hätte einer entsprechenden rechtlichen Würdigung ein erzieherisches Moment innegewohnt. Dann hätte er einen Vergleich mit fristgerechter statt fristloser Kündigung, aber ohne Abfindung vorschlagen können. Auf der Grundlage wäre mit Sicherheit eine Einigung zustande gekommen. Aber nein – in sozialfetischistischer Verklärung und ideologie-verbohrter Abneigung gegen die Arbeitgeberschaft soll anscheinend jedwede Ordnung zu Tode geritten werden. Arbeit soll zu einer Art selbstbefriedigenden Orgasmus verkommen.

Dem anderen Richter, das wußte Fabricius zu genau, war der glückliche Ausgang nur zu verdanken, weil dieser als Einigungsstellenvorsitzender einige Sozialpläne geschmiedet hatte und um die miserable Lage der Betriebe wußte. Der hatte die Feldzeichen, unter denen er in den 70er Jahren in sozialromantischer Euphorie angetreten war, begraben. Der hätte, wäre der Vergleich nicht zustande gekommen, die fristlose Kündigung abgesegnet und den Fall – aus welchen Gründen auch immer –in die zweite Instanz gehen lassen. Nach dem Motto: „Dort verdienen die Leute erstens mehr Geld und zweitens wissen sie immer alles besser.“ So führte die Rezession allerorten zu Frustration.

Und dann fuhr ein Blitz über seine Augen. Nicht, daß er im Tran abwegiger gedankenvoller Spinnerei nun urplötzlich einen lichten Moment gehabt und auf den Pfad institutionell tugendsamer Gedankenführung zurückgefunden hätte; nein – Fabricius war ein Opfer staatlicher Verkehrsüberwachung geworden. Die einzige Form staatlicher Überwachung unguten Tuns, die in der Nachtwächterrepublik sich der Funktionsfähigkeit rühmen durfte und auch konnte.

Zehnte Begebenheit

Der Mann hat ja recht, aber das kann man doch nicht sagen!

Tischgespräch, Arbeitslosigkeit, untertarifliche Bezahlung

Bei Tische gab es immer was zu erzählen. Soweit man sich überhaupt da einfand, weil nicht termingebunden abwesend, wurde aus Betrieben, Gerichtssälen, Sitzungen, Tarifverhandlungen, Verlautbarungen in Ton, Bild oder Papier ein Übermaß an Stoff geliefert. Rang, Tätigkeit, Gesinnung waren Grundlage unterschiedlichster Interpretation in der Tafelrunde, zu der Fabricius eines Mittags sich wieder einmal gesellt.

Besteckbewehrt und tellerbalancierend schnappt er bei vorsichtiger Annäherung an ein freies Plätzchen das Wort „arbeitslos“ als einen über der Schar munter die mittägliche Kost vertilgender Menschen hängenden Gesprächsfetzen auf.

Es seien ja nun mittlerweile fünf Millionen Arbeitslose geworden, eine höchst bedenkliche Zahl, wirft er beiläufig, den Stuhl rückend, ein, um sich dann, zur Begrüßung kopfnickend in die Runde blickend, an Artus’ Tafel niederzulassen.

Das seien die üblichen Zahlenspielertricks der Gewerkschaft, auf die man nicht hereinfallen dürfe, wird ihm vom oberen Tischende entgegengehalten. Das müsse man mit allem Nachdruck in der Öffentlichkeit zurechtrücken. Auf dieser Zahl könne man die Arbeitgeberseite nicht sitzen lassen. Damit werde dem Vorwurf kalter Massenentlassungen und fehlender sozialer Verantwortung der Unternehmer Vorschub geleistet.

Fabricius, aus ungezählten gerichtlichen und außergerichtlichen Auseinandersetzungen in ständigem Widerspruchsdenken und beharrlicher Gegenargumentation befangen, weist auf verantwortungsloses parteipolitisches Gegacker und Gerangel hin – die Regierungsarbeit eingeschlossen, soweit man da überhaupt noch von Arbeit sprechen könne und nicht vielmehr untätiges Herumsitzen und Prasserei bei den sogenannten Arbeitsessen anprangern müsse.

Die beißende Ironie findet in der Tischgesellschaft nur geteilte Zustimmung, die sich bei einigen an verhaltenem Feixen ablesen läßt. Doch Mißbilligung bricht sich beherrschend Bahn. Dreieinhalb Millionen sei die richtige Zahl und das fast gleichbleibend in den letzten beiden Jahren, klärt man Fabricius in vorwurfsvoll entschiedenem Tone auf. Und auch der Aufschwung zeichne sich jetzt verstärkt ab, heißt es nachdrücklich beschwichtigend.

Bei Gericht aber nicht, denn eine Kündigung jage die andere, japst Frau Hausmann in die Kantine hinein, mit hochrotem Kopf. Furchtbar warm sei es draußen; zwei Kündigungsklagen habe sie soeben verloren. Kollege Scharfegge springt zuvorkommend auf und macht seinen Platz frei. Er ist Claudia kollegial zugetan. Sie solle sich erst mal hinsetzen, mahnt er und erbietet sich, ihr etwas Trinkbares zu holen. So schlimm könne es nicht gewesen sein, beruhigt man vom anderen Ende des langen Tisches.

Doch Frau Hausmann sprüht in der ihr eigenen couragierten Art Gift über den Vorsitzenden der 11. Kammer. Man stelle sich vor, der habe dem Personalleiter Thoron mit einer Anzeige wegen Nötigung gedroht. Der Thoron, so ein lieber Mensch, könne keiner Fliege was zu Leide tun, der sei kreidebleich geworden; sie selbst habe auch nicht gewußt, was sie machen solle. Dabei habe der nur angedeutet, daß die Firma eben auswandern müsse, wenn man niemanden mehr entlassen könne. Der Richter habe Thoron allerdings auf Touren gebracht mit seiner entnervenden betriebsfremden Frageritis. Der verlange haarklein den Nachweis, daß gerade für die Maschine, an der die Klägerin tätig gewesen sei, damals keine Aufträge mehr vorhanden gewesen seien.

Abwiegelndes „Naah...hhm...na jaah“ läßt sich brummelnd, den Tisch entlangkriechend vernehmen. Das sei wohl eine etwas überspitzte Darstellung. Immerhin müsse man nun mal, wird begütigend fortgesetzt, die Richterschaft pfleglich behandeln. Aber Claudia Hausmann ist außer sich. Edeltraut Schwarz, beide einander in unzertrennlicher Bürogefährtenschaft verbunden, pflichtet eifrig bei. Mit den über das Arbeitsgericht hinwegschwappenden Kündigungswellen würden die Richter wohl nicht mehr fertig und rasteten unkontrolliert aus.

Das paßt Fabricius in seine negativistische Perspektive. Das Gewäsch vom Aufschwung sei billiges Überbleibsel aus der Wahlpropaganda vom vergangenen Jahr. Vor Ort in den Betrieben sehe es anders aus, räsoniert er. Dreieinhalb Millionen Arbeitslose – die Zahl entspringe desinformativer Regierungspropaganda, wallt er auf. Kurzarbeiter nebst Teilnehmer an staatlichen Arbeitsbeschaffungsmaßnahmen sowie staatlich finanzierten beruflichen Überbrückungsmaßnahmen machten mindestens anderthalb Millionen weitere Arbeitslose aus. Und es gehe weiter nach oben, setzt er noch eins drauf. Nicht mit dem Aufschwung, sondern mit den Arbeitslosen. Von fünf auf bald sechs Millionen, wie schon einmal in diesem Jahrhundert.

Ob solch desillusionierender Horizontschau weht Unwille über den Tisch. Derart destruktive Kritik, die erkennbar auf die Regierungsparteien abziele, sei der Verbandsarbeit abträglich. Fabricius hinge zuviel in den Betrieben herum und mache Entlassungen quasi zu seiner Hauptbeschäftigung. Pessimismus sei ihm dadurch zu einer Art Miß-Natur geworden. Er könne den Aufschwung nicht zerreden, und man tue im Verbandsinteresse gut daran, innerhalb und außerhalb des Hauses eine positivere Sicht der Dinge zu verbreiten.

Ungerührt, um nicht zu sagen unwirsch zitiert Fabricius den von ihm verehrten Meinhard Miegel. Mit seinen Thesen vom Rentenkollaps ein Intimfeind von Blüm, klärt er die Tischrunde mit ihren verständnislos fragenden Blicken auf. Der habe mal in einem Fernsehinterview vor Jahren den Glauben an ständigen Aufschwung mit mittelalterlichen Wahnvorstellungen verglichen. Was sei damit denn gemeint, wird Fabricius angebohrt, worauf er vorsichtig anmerkt, Meinhardus habe wohl Kreuzzugshysterie, Geißelschwärmerei und Hexenwahn ansprechen wollen.

In das betretene Schweigen hinein klingt die ermunternde Stimme von Edeltraut. Sie gehe jetzt Eis essen, verkündet sie, Fabricius komme sicher mit. Auch Claudia steht auf und blickt Scharfegge herausfordernd an. Er gehe doch wohl mit, bestimmt sie. Referendar Rechtlieb Jünger verharrt noch unsicher vor seinem abgegessenen Teller. Claudia Hausmann nickt ihm ermutigend zu. Erleichtert entfleucht auch er dem problem-angeschwängerten Tischrund. Der Trupp zieht los. Schön – wenn Frau Hammerschmied mit von der Partie wäre, geht es draußen Fabricius durch den Kopf. Als könnte sie Gedanken lesen, kommt sanft im Mollton Edeltrauts Stimme neben ihm auf: Bettina sei noch bei Gericht.

Und weiter dreht die Mühle. Personalleiter Findig ist in Nöten und begehrt – es ist der vierte Anruf in der Woche – praktischen Rat. Sein Chef möchte einen Abgänger von der Sonderschule einstellen. Bei Fabricius schrillt sofort Alarm. Sei der etwa schwerbehindert, fragt er abwehrend. Findig verneint beruhigend. Er weiß sich in guten Händen. Fabricius beleuchtet alles von allen Seiten. Aber für eine Lehre reiche es nicht bei dem Jungen, erläutert er; der solle als Hilfsarbeiter eingestellt werden, aber nicht mit dem hohen Tariflohn.

Im Verlaufe des Gespräches, das mehrmals wegen Rückfragen unterbrochen werden muß, schält sich aufgrund intensiver Befragung heraus, daß der junge Mann Hauptschüler ohne Abschluß ist. Er ist 17 Jahre alt und deswegen, wie Findig erfragt hat, noch berufsschulpflichtig. Der Vater ist Meister in einem Betrieb, dessen Inhaber Kegelbruder vom Chef ist. Die drei Strategen haben vereinbart, daß der Junge als Hilfsarbeiter eingestellt wird. Bezahlt werden soll aber nur die Arbeitszeit im Betrieb, nicht die Abwesenheit in der Berufsschule.

Findig klagt, der Monatslohn in der untersten Lohngruppe betrage nach Tarif 2 109 DM, der entsprechende Stundenlohn 14,06 DM. Für die Berufsschule mit wöchentlich siebeneinhalb Zeitstunden müsse er etwa 420 DM abziehen. Damit rutsche er gewaltig unter den Tarif. Wenn er das seinem Betriebsrat zeige, gehe der auf die Barrikaden. Die Leute – gemeint ist vor allem der Chef – stellten sich das immer furchtbar einfach vor.

Fabricius rät, im Arbeitsvertrag Stundenlohn zu vereinbaren; dann kippe das nicht so stark auf. Findig solle den tariflichen Stundenlohn um 20% auf 11,25 DM kürzen. Da der Betrag etwas mikrig aussehe und sich eine zwölf vor den Komma besser mache, müsse er den Lohn auf 12,10 DM anheben. Das zahle er für 35 Wochenstunden und käme damit im Monat auf etwa 1 800 DM. Mit dem Ergebnis sollte die Firma wohl leben können.

Findig ist einerseits angetan, andererseits voller betriebsverfassungsrechtlicher Bedenken. Er brauche doch die Zustimmung des Betriebsrates zur Einstellung des Jungen und zur tariflichen Eingruppierung. Fabricius wisse, wie genau der Betriebsratsvorsitzende diese gesetzlichen Formalien nehme. Wie ein Sesselfurzer in der Amtsstube klebe der an jedem Stück Papier. Die unterste Lohngruppe, die Gruppe 2, sei im Betrieb ausgestorben. Die Einstufung beginne mit der Gruppe

3. Auch da gebe es genug Streit, weil für den Betriebsrat die Arbeit im Betrieb mit der Gruppe 4 anfange. Wenn in dem Formular für den Betriebsrat die Lohngruppe 2 und dazu noch der untertarifliche Stundensatz stehe, seien die Puppen am Tanzen dran.

Fabricius dämpft zunächst die Unruhe von Findig. Auf dem Formular solle er die Spalte mit der Eingruppierung einfach nicht ausfüllen. Und überdies brauche er den vereinbarten Lohn nicht anzugeben. Dann rüstet er Findig auf. Er solle vor dem Betriebsrat nicht schlapp machen. Wenn der Vorsitzende, was zu erwarten sei, nachfrage, solle er die Karten auf den Tisch legen. Schieße der Betriebsrat dann quer, müsse er ihn kaltschnäuzig vor die Alternative stellen: entweder er stimme zu oder der junge Mann mit seinem kümmerlichen Schulabschluß werde nicht eingestellt und liege auf der Straße; ein jugendlicher Arbeitsloser eben mehr.

Als zwei Tage später Findig erneut am Telefon hängt, erkundigt sich Fabricius teilnahmsvoll nach dem Ausgang der Aktion. Findig zeigt sich freudig erregt. Tatsächlich habe der Vorsitzende sozusagen das Personalbüro gestürmt und von der eingeschüchterten Sekretärin ihn zu sprechen verlangt. Er sei dann geduckt von dannen gezogen. Zuvor habe er das Zustimmungsformular unterschrieben – allerdings unter der Bedingung absoluter Verschwiegenheit; seine Betriebsratskollegen wüßten nichts davon.

Voll des Dankes beschließt Findig das Telefonat. Fabricius schickt ihm den Satz nach: In diesen gerade für die kleineren Unternehmen schwierigen Zeiten könne man schlechtweg nicht ständig mit dem Tarifvertrag unterm Arm durch den Betrieb laufen.

„Gut nur“, sinnt Fabricius, „daß überhaupt noch jemand jemanden einstellt.“

Elfte Begebenheit

Symposion

Es ist glitzernd eingedeckt: dreifach die Gläser- und Besteckgarnituren, die das feine Porzellan wie einen Burgwall umgeben. „Schweres Tuch und Sterlingsilber", begutachtet Trutzig anerkennend die breit und lang angelegte Tafel. „Bewegungsfreiheit bei Tisch ist wichtig, da ist und ißt man immer richtig", belebt er sich. Doch sehr von Nachteil, daß er nur beschränkt dem Alkohol zusprechen darf, der dem beträchtlichen Aufwand in der Ausstattung der Tafel in nichts nachstehen wird.

Dabei hätte er eine kleine Alkoholkur durchaus verdient. Hatte er doch in einer zweiten mehrstündigen Verhandlung eine Berufungssache über die Bühne gebracht, die ihm lange Zeit Kopfschmerzen bereitet hatte. Ein Türke war vor zwei Jahren wegen Arbeitsverweigerung aus dem Betrieb geflogen. Infolge Krankheit und Urlaub standen damals unvorhergesehen nicht genügend Springer zur Verfügung. Der Einsatzplan für die Pausenvertretung an den durchlaufenden Maschinen mußte neu aufgestellt werden. Der griechische Vorarbeiter teilte dann dem Türken mit, er müsse in zwei Stunden einen der Maschinenführer während dessen 20minütiger Pause vertreten. Der Türke lehnte ab. Er sei kein Springer, sondern Einrichter und habe Wichtigeres zu tun. Der Scheißgrieche habe ihm nichts zu sagen, empörte er sich gegenüber einem Kollegen. Weder Meister noch Produktionsleiter und auch nicht der Betriebsleiter, die alle drei um ihn fast eine Stunde lang herumsprangen, konnten ihn umstimmen. Auch unter wiederholter Androhung der fristlosen Kündigung war er nicht bereit, lächerliche zwanzig Minuten Pausenvertretung zuzusagen. Der Meister mußte sich dann, als es soweit war, an die Maschine stellen.

In erster Instanz war das Gericht vor Ehrfurcht fast erstarrt, als sich herausstellte, daß der Kläger nicht Türke, sondern Kurde war. Die Kündigung war natürlich null und nichtig – mit der umwerfenden Begründung: der Arbeitnehmer habe die Arbeitsverweigerung lediglich angedroht; man hätte abwarten müssen, ob er bei Eintritt der Pause tatsächlich bei seiner Weigerung geblieben wäre. Weit über 200 000 DM Prozeßrisiko waren aufgelaufen. Die Firma mit immerhin 500 Beschäftigten hätte ihn, Trutzig, gesteinigt, wäre die Sache daneben gegangen und wäre der Mann – alle Arbeitskollegen, insbesondere die Landsleute warteten seiner mit großer Spannung – in den Betrieb zurückgekehrt. Die zweite Instanz hatte glücklicherweise ein Einsehen gehabt.

So gibt Trutzig sich einer gelassenen Zufriedenheit mit dem Ablauf des Tages hin. Er schätzt die Veranstaltungen dieses Kreises, die alle zwei bis drei Jahre stattfinden. Nicht immer so exklusiv wie heute abend, aber durchweg interessant in Thematik und Personen. Von daher sein Bedürfnis nach Anwesenheit. Vor langen Jahren schon hat er, Ärgernis und Unverständnis erregend, seine Teilnahme an Zusammenkünften jeglicher Art auf einen Rest minimaler Höflichkeitserfordernisse gedrückt. Nach seiner bescheidenen Gemütsverfassung wurde dort leerstes Stroh gedroschen und durfte er anschließend die verplemperte Zeit nacharbeiten. Hier war es anders. Hier wurden keine sogar Selbstlob fast erstickenden Weihrauchfässer in der bald allerorts üblichen Konsensschwafelei geschwenkt.

Richter – selbstverständlich von dem örtlichen, aber auch von benachbarten Arbeitsgerichten – sind erschienen. Sogar zwei Richter vom Berufungsgericht geben sich die Ehre, wie Trutzig feststellen kann. Er begrüßt einige Gewerkschaftsfunktionäre, unbestrittene Meister ihres Gebietes auf der anderen Seite – des Flusses. Anwälte aus Industriekanzleien und Repräsentanten der Sozialversicherungsträger sind der Einladung gefolgt; ebenso Personalleiter einiger größerer Betriebe. Und dann erscheinen zusammen mit dem Geschäftsführer Dr.-Ing. Arnulf Barneveldt und dem Vorsitzenden des Gesamtbetriebsrates nebst Betriebsratsmitgliedern der Personalleiter des Unternehmens sowie höhere und niedere Chargen des Industrieverbandes. Vertreter von Handel und Handwerk schließen sich an. Wer auch immer mit Arbeitsrecht im weitesten Sinne im Umfeld von schätzungsweise 30 km zu schaffen hat, scheint sich ein Stelldichein gegeben zu haben, betrachtet Trutzig das Rund der Versammelten, das mit kleinen Drinks angewärmt wird. Trutzig hat Glück – ein Malt-Whisky und dann noch 16jährig ist verfügbar. Als Außenstehender zu diesem Kreise zu gehören, ist ihm Anerkennung und Ehre zugleich.

In loser Gruppierung steht man im Raum um die lange weiße Tafel, und Dr.-Ing. Barneveldt läßt sich vom Hauptgeschäftsführer des Industrieverbandes die Erschienenen vorstellen. Längere Zeit verweilt er im Gespräch mit den beiden Vertretern des Arbeitsamtes. Die Zeit nutzt sein Personalchef, um eine Riesenleinwand wie einen Luftballon hochgehen zu lassen und einen Projektor in Stellung zu bringen. Das passe ja gar nicht zusammen oder sehe nach Arbeitsessen aus, wundert sich Trutzig im Gespräch mit einem der Verbandskollegen vom Ort. Und recht sollte er haben.

Noch bevor die erste der Speisenfolge gereicht wird (Zucchini-Mousse mit Basilikum und Tomaten in Vinaigrette), hat Dr.-Ing. Barneveldt das Unternehmen präsentiert. Unterstützt von Bildern, Grafiken und einer eindrucksvollen Weltkarte beschreibt er Produktgruppen, zeigt auf über fünf Erdteile hingestreute Produktionsstätten und Vertriebsniederlassungen, erläutert die Vielfalt der Kundschaft, schildert die Härte der Konkurrenz und macht Zahlenangaben zur Belegschaft im In- und Ausland. Lohn- und Gehaltsvergleiche, Produktionskosten quer durch die Welt folgen.

Zwischen dem ersten und zweiten Gang verbreitet er sich über das Ergebnis der Tarifverhandlungen und bezeichnet zur Überraschung aller die in zwei Jahren bevorstehende Einführung der 35-Stunden-Woche als grobe Fehlleistung der Arbeitgeberverbände. Trutzig erlaubt sich den Hinweis, nicht die Verbände, sondern die Mitgliedsfirmen der Verbände würden Tarifverträge abschließen; jedenfalls stünden auf Arbeitgeberseite zwei Unterschriften unter jedem Vertrag – eines demokratisch gewählten Vertreters der Mitgliedsfirmen und eines Verbandsvertreters.

Als größeres Unternehmen mit weltweit über 10 000 Beschäftigten wisse er das, entgegnet Dr.-Ing. Barneveldt. Besser hätte er von einer gesamtwirtschaftlichen Fehlleistung und Fehlentwicklung gesprochen, um alle daran beteiligten Kräfte oder besser Schwachstellen anzusprechen. Das sei der Spitzenverband auf Bundesebene mit den dahinterstehenden Firmen, worauf er nicht näher eingehen wolle. Das sei die Gewerkschaft, die sich nach dem Zusammenbruch des spezifischen bautzenisch-ostelbischen Sozialismus ideologisch gefangen habe. Das sei letztendlich auch die Regierung mit ihrer abartigen finanziellen Wurstelei.

Jede Tarifsteigerung werde anschließend durch höhere Steuern und Sozialabgaben zu einer Nullrunde für die Arbeitnehmer, läßt sich der Gesamtbetriebsratsvorsitzende Regulski vernehmen. Dr.-Ing. Barneveldt stimmt begeistert zu. Das sei, fügt er bedauernd hinzu, auch für ihn als Arbeitgeber, weil die Arbeitnehmer demotivierend, ein total frustrierendes Ergebnis.

Den vielen Klein- und Mittelbetrieben in seiner Nachbarschaft, fährt er fort, gehe es in den nächsten Jahren an den Kragen. Die würden mit der Kostenbelastung und der sich ergebenden Umstrukturierung nicht klarkommen: dem Lohnausgleich für die Arbeitszeitverkürzungen, den alljährlichen Lohnerhöhung an sich, den sich verteuernden Überstundenzuschlägen. Auf die rolle dann die Vier-Tage-Woche zu; mit dem Freitag als Samstagstellvertreter. Auf das Gerangel um die Überstunden am Freitagnachmittag – schon jetzt problematisch – könne man nur gespannt sein. Wenn auch Repräsentant eines Großunternehmens, das alles bedrücke ihn sehr, bekümmernißt er sich.

Selbstverständlich läßt der Einwurf nicht auf sich warten, Ziel der Arbeitszeitverkürzung sei die Neueinstellung von Arbeitnehmern zwecks Minderung der Arbeitslosigkeit. Die in seiner Nähe sitzenden Gewerkschaftsvertreter decken Dr.-Ing. Barneveldt mit einer Flut von Worten ein, die am anderen Ende des Tisches nur in Fetzen landen.

Um den zweiten Gang, ein delikat duftendes Kräutersüppchen, nicht erkalten zu lassen, ziehen alle den Übergang von wortreicher zu behaglich schlürfender Betätigung der Mundwerkzeuge vor. Dann greift Dr. Prokop, Hauptgeschäftsführer des Industrieverbandes, zum Glas (gut fünf Jahre alter 87er Villa Antinori Bianco), um mit geziemenden Worten Dank für das sich abzeichnende Schlemmermal artig zu bekunden. Die darauf kurz eintretende Ruhe nutzt Dr.-Ing. Barneveldt, um die gewerkschafts- und nicht zuletzt auch regierungsamtlichen Vorstellungen zu Neueinstellungen über den Haufen zu werfen.

Zu Neueinstellungen komme es schon deswegen nicht, weil man die Leute nachher nicht wieder los werde, es sei denn mit einem Sack voll Geld. Außerdem seien Neueinstellungen viel zu teuer. Arbeitsmedizinische und arbeitswissenschaftliche Gutachten hätten in etlichen Prozeßwellen bis hin zum Bundesarbeitsgericht die unteren Lohngruppen – die leichten und einfachen Tätigkeiten – aus den Betrieben verscheucht. Die ersten drei Lohngruppen mit ihren an sich schon überhöhten Lohnsätzen seien Makulatur. Wenn die Entlohnung im Betrieb mit der Gruppe 4 anfange, sei die Arbeit zu teuer. Auf die allzu bekannten übrigen Treibsätze der Kostenrakete „Lohn“ wolle er erst gar nicht eingehen. Erst recht verzichte er auf weitere internationale Arbeitszeit- und Lohnvergleiche.

Das sei wohl völlig überzeichnet, unterbricht der Ortsgewaltige der zuständigen Industriegewerkschaft, Hühnefeld, die vollmundige Argumentation. Doch er kommt nicht weit, weil nach dem Süppchen Blumenkohl-Orangen-Salat serviert wird. Dr.-Ing. Barneveldt nickt ihm bestätigend zu: Meinungen lebten von Übertreibungen.

In der Republik werde von zu vielen zu wenig gearbeitet und das zu teuer. Die Rezession sei die Quittung dessen. Und das werde sich fortsetzen bis zur Einführung der 35-Stunden-Woche in zwei Jahren und darüber hinaus, unterstützt Assessor Denkrecht vom örtlichen Industrieverband, Zuarbeiter des Hauptgeschäftsführers und guter Freund Trutzigs, die Meinung seines Vorredners.

Der einsetzende Streit um wirtschaftlichen Tiefgang überhaupt und dessen Anfang oder Ende wird durch die zum Hauptgericht kredenzten Weine (jeweils gut zehn Jahre alter 82er Burgunder Chambolle-Musigny Les Charmes und Villa Antinori Riserva Chianti Classico) gemildert und verebbt schließlich beim Filet Wellington mit Pilzfarce in Blätterteig.

Um den Tisch stärker und stärker anhebendes brummelndes Summen läßt wenn nicht Anerkennung gegenseitig gewechselter unterschiedlicher Meinungen, so doch anerkennende Zufriedenheit mit dem Verlauf der Verköstigung vermuten. Daraus steigt mit zunehmender Betonung die Stimme des Gastgebers, der es schließlich schafft, die liegengebliebene Konjunktur vernehmlich in den Mittelpunkt des Gespräches zu stellen.

Wie den Betriebsräten und auch der Gewerkschaft bereits bekannt sei, stehe man vor schwierigen Personalentscheidungen. Der Betrieb in Lohnstetten mit 250 Beschäftigten werde stillgelegt; etwa 50 davon könnten in anderen Betrieben unterkommen. 500 von 2 200 seien in Hakkordbergen betroffen, und das Werk Säbelheim werde auf die Hälfte gesetzt – etwa 300 Arbeitsplätze blieben dort erhalten. Das seien schmerzliche Eingriffe in den Personalbestand, aber die hohen Kosten hierzulande – nicht nur personalmäßig – und die diesbezüglich absolut negativen Aussichten ließen keine andere Wahl. Das gelte für die Industrie insgesamt. In den spanischen und portugiesischen Betrieben betrügen die Arbeitskosten die Hälfte und gar nur ein Viertel der hiesigen. Da bleibe nur die Auswanderung. Man habe sich übernommen. Das sei ja auch nicht das erste Mal in Deutschland.

Ob er das nicht zu schwarz sehe, fragen die beiden Herren vom Obergericht, sich erhebend mit dem Hinweis auf die morgigentags anstehenden Sitzungen. Dr. Schwertfeger von der Fabini-Treuhand bestätigt den Konjunktureinbruch zum Vorjahresende. Die Gesundbeterei im anlaufenden Jahr mache unter Fachleuten niemand mit; es komme noch schlimmer. Bedenklich seien zwar die Konkurse, aber seines Erachtens nachdenkenswerter die vielen stillen Liquidationen. Mehr und mehr Mittelständler würden einfach die Brocken hinwerfen. Es rechne und lohne sich nicht mehr, ganz abgesehen vom Nachfolgeproblem. Wer wolle in der Republik denn schon Unternehmer spielen.

Trutzig platzt mit der Bemerkung dazwischen, die Mitbestimmung offenbare in dieser Lage ihre Flexibilitätsdefizite: nicht nur bei Arbeitszeit-, sondern auch bei Lohnregelungen. Die Höhe übertariflicher Zulagen, deren Anrechnung auf Tariferhöhungen, jegliche Änderung im Entlohnungssystem – alles unterliege langwierigsten Kompromißrangeleien mit Betriebsräten und dahinterstehender Gewerkschaft. Lohnanpassungen seien in der Praxis kaum möglich. Da lasse man lieber alles beim alten und mache die Bude dicht, wenn's soweit sei und nicht mehr weitergehe.

Ha, haa, haahh – die Häme aus dem Gewerkschaftslager ist unüberhörbar. Trutzig, der edle Ritter, schwenke wie immer aufrecht sein Fähnlein. Mitbestimmung habe die Kapitalisten nicht gehindert, industrielle Weltmacht zu werden. Insbesondere auch Richter nicken zustimmend. Demokratie mache nun mal vor dem Fabriktor nicht halt, setzt Rechtssekretär Wallgrabe lächelnd nach. Sie kennen sich: die beiden Strategen aus gegenseitigen Welten, gleichwohl einander verbunden.

Dr.-Ing. Barneveldt knüpft an mit dem vorsichtigen Hinweis auf die Zerbrechlichkeit dieser formalen Weltstellung. Er ergeht sich zum Erstaunen von Trutzig in historischen Erinnerungen an die in England schon Ende des 18. Jahrhunderts einsetzende Industrialisierung, die von dort fast hundert Jahre später erst ins Ruhrgebiet hinüber gezogen worden sei. Und dann die USA, England im 19. Jahrhundert auf dem Fuße folgend. Selbst das kleine Holland wäre schon im 17. Jahrhundert eine Wirtschaftsmacht gewesen. Der industrielle Aufschwung Deutschlands seit Ende des vergangenen Jahrhunderts wäre zweimal durch Kriege unterbrochen worden. Unter dem amerikanischen Militärschirm und als wirtschaftliches Aushängeschild gegenüber dem Ostblock hätte es sich bis 1990 gut leben lassen. Doch die Zeiten änderten sich. Die Republik habe keine Rohstoffe – ihr einziges Kapital „Arbeit" sei zu teuer geworden. Industrielles Potential und weltweite Erfahrung – beispielsweise durch ehemaligen Kolonialbesitz oder kontinuierlich gewachsenen, weltumspannenden Seehandel – hätten in anderen Ländern beständigere Grundlagen geschaffen.

Eine reichlich pessimistische Sicht mache sich da breit, wird dem Gastgeber von Herrn Hühnefeld energisch vorgehalten. Nicht unbedingt für sein Unternehmen mit Ausweichmöglichkeiten, wohl aber für die im Lande verbleibenden, säuerlicht dieser entgegen. Da stehe er aber ziemlich allein mit seiner kritischen Einstellung, zweifelt einer der Richter vom örtlichen Arbeitsgericht. Augenblicklich vielleicht noch, aber leider nicht mehr lange, gesteht Dr.-Ing. Barneveldt zu, jetzt leicht lächelnd. Hilfestellung gebe vielleicht ein Blick auf die Rangfolge der weltweit größten Wirtschaftsunternehmen.

Der anregende Meinungsaustausch, die Schneemus-Torte – ein kühles Dessert aus Heidelbeersahne und Sorbet zwischen Baiserböden mit Cassis-Sauce – sowie alter Armagnac nebst Espresso lassen es spät werden, viel später als gewohnt. Es ist anderthalb Stunden bis Mitternacht, als Trutzig zusammen mit Wallgrabe und Denkrecht sich als die letzten verabschieden. Draußen gehen die drei auseinander. Sein schwarzes Gefährt durch viele Fährnisse ist in der Dunkelheit kaum zu sichten, als Trutzig auf dem Wege zögert, nachdenkt, stehen bleibt und zurückgeht – ins Kasino, wo Dr.-Ing. Barneveldt und der Personalchef mit Zusammenräumen beschäftigt sind. Erstaunt blicken sie ihn an.

Trutzig entschuldigt störende Aufdringlichkeit zu fast mitternächtlicher Stunde. Hätten die Herren nur fünf Minuten noch übrig, fragt er behutsam an. Auf wohlwollendes Zublinzeln hin gibt er seine Bewunderung über die historischen Betrachtungen zu verstehen. Da seien in ihm einige quere Gedanken hochgekommen.

Im Ersten Weltkrieg hätten die Deutschen eine erstklassige Militärmaschinerie zur Verfügung gehabt. Die deutschen Heerführer seien hoch befähigt und auch international anerkannt gewesen. Aber die Sache sei daneben gegangen. Im Zweiten Weltkrieg habe sich das wiederholt. Auf Schuldfrage, Greueltaten wolle er nicht eingehen. Auch im Zweiten hätten die Deutschen eine hochwirksame Militärmaschinerie mit Feldherren hohen strategischen Niveaus hervorgebracht. Aber beide Male hätten alle das ganz kleine Einmaleins oder ABC nicht gekannt, gekonnt oder berücksichtigt: Menschen- und Rohstoffpotential. Und nicht zu vergessen die Logistik, schiebt der Personalmann nach. Trutzig bestätigt: Bis Moskau, wovon man zwar nur die Zwiebeltürme in der Ferne gesehen habe, sei ein weiter Weg – damals wie auch gegenwärtig.

Sei es denn jetzt wieder so, stellt er den interessiert zuhörenden Herren die Frage. Nachdem es mit dem Militär schief gegangen sei, habe man eine weltweit bewunderte Wirtschaftsmaschinerie aufgezogen. Die deutschen Wirtschaftsführer – jedenfalls in den ersten zwanzig oder dreißig Jahren – seien auch international hoch anerkannt gewesen. Würden die Deutschen in totaler Überschätzung ihrer Fähigkeiten und Möglichkeiten denn zum dritten Mal in diesem Jahrhundert den Staat gegen die Wand fahren. Denn letztlich befinde man sich, wenn auch etwas übertrieben ausgedrückt, im Krieg: nicht militärisch, aber wirtschaftlich. Das sei seine große Sorge, schließt Trutzig seine Ausführungen und sieht die beiden Herren erwartungsvoll an.

Mit einem langgezogenen „Ja", einem nachfolgenden „Natürlich" und den Worten „Wissen Sie – die Gigantomanie" will Dr.-Ing. Barneveldt antworten, als plötzlich Wallgrabe und Denkrecht auftauchen. Sie könnten ihre Wagen nicht finden, auf dem Werksgelände; sie hätten sich verlaufen. Der Werkschutz drehe gerade seine Runde und der Pförtner könne seinen Platz nicht verlassen. Sie sollten vom Pförtner eine Taxe rufen lassen, beruhigt der Personalchef belustigt und fügt hinzu, auf Kosten der Firma selbstverständlich; und morgen könnten sie die Autos abholen, auf dem Gelände komme nichts weg. Dr.-Ing. Barneveldt will die Diskussion mit Trutzig fortsetzen, doch dieser dankt. Er wolle nicht länger stören, die wenigen Worte reichten und genügten ihm als Antwort. Er sei sehr dankbar für die kurze Unterredung und er werde die beiden irrenden Kollegen mitnehmen. Zufrieden und befreit scheiden alle voneinander. Trutzig bemerkt zu seinen beiden Mitfahrern, einer von ihnen müsse sich aber etwas zusammenklappen in seinem Gefährt. Und ab geht es, hinaus in die Nacht.

Letzte Begebenheit

Arbeit ist ein bitter' Los
- bitterer ist arbeitslos!

Von vielen mehr – allzu vielen!

Die Mitte des Jahres näherte sich. Seit dessen Beginn wollte der Strom Rat erfragender und Tat erbittender, von Wanderlust ergriffener Unternehmer nicht abreißen. Je geringer die Schaffensfreiheit der Betriebe aufgrund von chaotischen Gesetzen, drangsalierender Rechtsprechung und strangulierender Tarife – um so größer die Sucht nach Flucht aus dem Irrgarten staatlicher und institutioneller Regulierung. Da fühlte man sich wohl bei Fabricius: seinem Wissen, seiner Erfahrung und seiner tatkräftig zupackenden Hilfe. Er selbst fühlte sich unwohl im negativen Befund positiver Ergebnisse seines Tuns.

Noch zu Beginn des Jahres hatte er bei der Amputation eines Standbeines erfolgreich mitgewirkt. Die Szenerie hing ihm noch lange nach. Es war kein Großbetrieb mit zwanzigtausend oder auch nur zweitausend Beschäftigten gewesen. Gerade mal 280 zählte die Mannschaft, als man den Entschluß faßte, nach Transmontanien auszuwandern: nicht der ganze Betrieb; aber eines der drei Beine, auf denen das Unternehmen bislang gestanden – besser gesagt: produziert – hatte, sollte abgeschnitten werden. Denn auf zwei Beinen ließ es sich wenigstens noch für einige Zeit weitergehen – in der Republik. Die an die 70 Entlassenen wurden großzügig mit 60 % eines Monatslohnes je Jahr Betriebszugehörigkeit abgefunden. Mit den Nebenleistungen war es noch mehr. Viel Geld für ein mittelständisches Unternehmen; aber es war da. Bei so viel Großzügigkeit fiel es niemandem ein, Klage gegen die Kündigung beim Arbeitsgericht einzureichen. Manch einer ging mit fünfzig- oder gar sechzigtausend Märkern nach Hause, freigestellt von der Arbeit für sechs oder sieben Monate während der laufenden Kündigungsfrist. Viele landeten anschließend sanft in dem willkommenen Vorruhestand; andere zog es in die heimatlichen südlichen Gefilde. So war das Kündigungsschutzgesetz ausgehebelt.

Die Gewerkschaft war über die sogenannte Sozialverträglichkeit des Sozialplanes hoch zufrieden gewesen. Noch nicht einmal drei volle Seiten umfaßte die ganze Betriebsvereinbarung. Es war ein Vorzeige-Sozialplan, mit dem es sich in anderen Betrieben gut hausieren gehen ließ. In der Kürze, ließ sich gerade hier sagen, liegt die Würze.

Was Fabricius in gewisser Weise fasziniert hatte, waren die näheren Umstände des betrieblichen Geschehens. Wurden doch die Maschinen im Betrieb demontiert, um einige Wochen später in Transmontanien remontiert zu werden. Fabricius fühlte sich in die Schulzeit zurückversetzt, als im Ruhrgebiet Generalstreik war. Nicht um höhere Löhne, kürzere Arbeitszeit und längeren Urlaub nebst Urlaubsgeld, sondern wegen der von der Besatzungsmacht verfügten Demontagen in den wenigen, vom Kriegswüten verschont gebliebenen Fabrikhallen der Schwerindustrie. Zehn Kilometer mußte er mehrere Tage zu Fuß zur Schule wandern, weil nichts mehr fuhr und alles lief. Er beneidete damals seinen Vater. Der hatte in gehobener Stellung eines Stahlbaubetriebes ein Dienstfahrrad, das in der Firma wie viele andere Dienstfahrzeuge dieser Art gewartet wurde (Putzen, Ölen und vor allem Plattenflicken).

Der Geschäftsführer hatte sich wohl auch Gedanken gemacht. Kaum ein Wort kam von ihm. Fabricius und der Prokurist führten die Verhandlung. Die beiden Gewerkschaftsvertreter wußten um den teilbetrieblichen Exodus. Der Makabrität der Situation waren sie sich allerdings nicht bewußt; nämlich des Umstandes, daß die Maschinen in wenigen Wochen Tag und Nacht hemmungslos laufen würden und das zu einem Drittel der hiesigen Arbeitskosten. Sie merkten noch nicht, daß sie auf nicht einmal so lange Sicht hin ihren eigenen Arbeitsplatz über all die Jahre hin bald würden wegrationalisiert haben. Sie schwelgten in den Erfolgen der letzten Tarifrunde. Gönnerhaft boten sie Hilfestellung, falls man im Betrieb mit dem zugegebenermaßen etwas eng geschnürten tariflichen Arbeitszeitkorsett nicht klar käme. Mit einem maßgeschneiderten Firmentarif werde man schon Luft schaffen.

Ungerührt hatte der Geschäftsführer sich all das angehört, während von einer Sekretärin unter Fabricius' Beistand letzte Finger an die Betriebsvereinbarung gelegt wurden. Wortlos unterzeichnete er die drei ihm vorgelegten Exemplare, wartete nicht einmal die Unterschriften der Betriebsratsmitglieder ab, erhob sich, kurz den Kopf einnickend, und verließ den Raum.

Und nun saß Fabricius wiederum dabei – einige Monate später und woanders, aber doch nicht anders. Hier kam es nur härter. Die Bude wurde dicht gemacht: 87 Entlassungen. Die Produktionsanlagen wanderten ins Ausland ab, um dort rund um die Uhr und die Woche hindurch weiterzulaufen. Ganz schlimm: der Unternehmer führte mit drei Mitarbeitern die Firma als Handelsgeschäft fort und beteiligte sich finanziell zu einem Drittel an der neu gegründeten Auslandsgesellschaft, welche die Produktionsanlagen aufkaufte.

Empörung bei der Gewerkschaft, Verärgerung im Betriebsrat und Verbitterung in der Belegschaft waren vorprogrammiert. Der Unternehmer selbst hatte lange, fast zu lange nach Fabricius' Ansicht dahergezögerlicht, den von einem Urgroßonkel (Bruder seines Urgroßvaters mütterlicherseits) gegründeten, über hundert Jahre alten Betrieb zu liquidieren. Es war Liquidation im wahrsten Sinne des Wortes: Liquidation seiner unternehmerischen Betätigung am Ort, aber auch berufliche Liquidation der größerenteils überalterten Belegschaft. Ihm fiel der Abschied schwer.

Fabricius war hartgesotten. Es gehörte schließlich zu seinem Geschäft, und dieser Art Geschäfte waren arg viele geworden. Oft genug hatte er hier in den vergangenen Jahren als Nothelfer beispringen müssen: Warnstreiks bei Tarifverhandlungen, Schlichtungsstellen wegen Arbeitszeitregelungen, Blokade beim Abbau betrieblicher Sozialleistungen, Verweigerung von Überstunden. Selbst das Herunterfahren der Belegschaft von früher einmal über 200 hatte bei der Gegenseite Nachdenklichkeit nicht bewirkt. So schmetterte er jetzt alle Vorstellungen über die Fortführung des Betriebes genüßlichst ab.

Denn die Gegenseite überschlug sich mit gutgemeinten Vorschlägen. Mit einem echt billigen Sozialplan sollte die Belegschaft nochmals um etwa ein Drittel verringert werden. Die vor vier Jahren von einer Einigungsstelle festgelegten hohen Prämienlöhne sollten herabgesetzt werden. Ein Sachverständiger vom Technologiezentrum sollte den Arbeitsablauf optimieren.

Fabricius konterte. Bei billigen Sozialplänen liefen alle Entlassenen zum Gericht. Dort ergatterten sie immer höhere Abfindungen wegen angeblich falscher Sozialauswahl. Denn jede Sozialauswahl sei vor Gericht eine falsche Sozialauswahl. Fabricius gefiel sich in gedrechselter Wortwahl und ließ seinem Sarkasmus freien Lauf. Er ermangele der geistigen Fähigkeiten für die verstandesmäßige Erfassung der höchstrichterlich entwickelten Grundsätze zur Sozialauswahl. Der Zug für eine Lohnreduzierung sei lange abgefahren. Um etwa 20 % seien die Löhne in den letzten fünf Jahren gestiegen, was im Betrieb auf den Prämiengrundlohn und die dynamisierte Prämie voll durchgeschlagen habe; im Ausland sei es daher nun mal immer billiger geworden.

Fabricius brillierte übermütig mit seinen Kenntnissen in der Prämienlohngestaltung. Technologiezentren deklassierte er zu Stätten staatlicher Arbeitsbeschaffungsmaßnahmen. Endlich einmal war er am Drücker und nicht wie in der Vergangenheit Bittsteller bei Betriebsrat und Gewerkschaft, wenn eine lausige Versetzung, notwendige Überstunden am Wochenende, bescheidene Anrechnung von Tariferhöhungen oder Streichung von Fahrgeld angestanden hatten.

Doch der Unternehmer pfiff ihn zurück – während der sich über zwei Wochen hinziehenden Verhandlungen. Er wolle keine Konfrontation mehr, wie es in der Vergangenheit leider häufig vorgekommen sei. Die Leute im Betrieb, auch die Betriebsratsmitglieder seien nicht verantwortlich für die Verhältnisse. Wenn denen immer eingeblasen werde, es gehe ständig weiter aufwärts und sie hätten im Betrieb das Sagen, könne man ihnen ihre Haltung nicht verübeln. Viele seien über 30, einige sogar länger als 40 Jahre im Betrieb; die kenne er alle, über fast all die Jahre hin.

Fabricius sah ein, daß er überzogen hatte. In mehreren der abendlichen Gespräche, anschließend an die Verhandlungen mit Gewerkschaft und Betriebsrat, wurde ihm Dank für den nimmermüden Einsatz in der Vergangenheit zuteil. Man wisse, was man voneinander zu halten habe; aber die Vergangenheit solle nun ruhen. So hieß es.

Schließlich stand der Sozialplan, war das Ende fixiert, der Betriebsrat versteinert. Die Vergangenheit hatte keineswegs die unternehmerseitig ersehnte Ruhe gefunden. Hoffnung hatten die Vorschläge zur Betriebsfortführung geweckt; deren Ablehnung Unverständnis erregt. Weiteres Hoffen war aufgeflackert, als von einer Betriebsfortführung durch die Belegschaft mit Hilfe einer Landesbürgschaft sowie Unterstützung durch Technologiezentrum und Gewerkschaft die Rede war. Beim Abfindungspoker hatte die Gewerkschaft das Angebot von 47,5 % je Beschäftigungsjahr zurückgewiesen und hatte unwürdiger Streit die Forderung auf Vorlage der Bilanzen aus den letzten drei Jahren begleitet. Ob diese an den Landesvorstand der Gewerkschaft gesandt oder einem Sachverständigen bei der Ortsverwaltung vorgelegt werden sollten. Man hatte sich endlich auf die Einsichtnahme bei der das Unternehmen betreuenden Wirtschaftsprüfungsgesellschaft geeinigt.

Alles Strohfeuer, um gewerkschaftliche Machtentfaltung auch in der letzten Stunde zu demonstrieren. Der Unternehmer hatte es hingenommen, Fabricius seinen Ärger hinuntergeschluckt. Bei 47,5 % Monatslohn Abfindung je Beschäftigungsjahr aber war es geblieben; kein Sou darüber.

Nun, da alles geschrieben war und zur Unterzeichnung vor ihnen lag, waren sie zum letzten Male versammelt: die beiden Gewerkschaftsvertreter, fünf Betriebsratsmitglieder, der Betriebsleiter, der Unternehmer selbst und Fabricius. Es war spätnachmittags, und die Sonne warf Strahlen in den aus guten Jahren noch erhaltenen, holzgetäfelten Raum; den Beteiligten eine fast vertraute Stätte geworden. Ablehnendes Geräusper und Kopfschütteln kam unter den Betriebsratsmitgliedern auf, als der Vorsitzende sie bat, die Betriebsvereinbarung mit ihm zu unterzeichnen. Er mußte es alleine machen.

Nachdem die erforderlichen Unterschriften standen, kam es zu den üblichen, gegenseitige Anerkennung beiderseits fairen Verhaltens ausdrückenden Reden, zu denen als erster einer der beiden Gewerkschaftsvertreter anhob. Die Stillegung erfolge zur Unzeit, hieß es. Denn im Tarifgeschäft würden sich völlig neue, für die Betriebe positive Entwicklungen anbahnen. Mit gutem Willen und unternehmerischem Weitblick hätte man die bisher fruchtbare Zusammenarbeit zum Wohle der Belegschaft fortsetzen können. Fabricius verkniff sich auch nur den Anflug eines Grinsens. Eines der Betriebsratsmitglieder verließ den Raum. Die Sonne blende wohl etwas stark, sagte sich Fabricius, weil der Mann eine Hand vor seine Augen hielt; der müsse wohl austreten.

Der Betriebsratsvorsitzende schien Mühe zu haben, sich zu sammeln und Worte zu finden. Bitternis kennzeichneten seine Worte – Bitternis darüber, daß er nach über dreißig Jahren Arbeit den Betrieb sich nun täglich von draußen ansehen dürfe; er hätte sein Häuschen ja nahebei. Da hielt es das nächste Betriebsratsmitglied nicht mehr am Tisch. Schluchzend stand er auf. Der Vorsitzende wurde gewahr, daß der Worte nicht mehr viele sein durften. Seine Stimme erstickte im Dank für den nach seiner Meinung ordentlichen Sozialplan. Währenddessen rannen seinem Kollegen zur Seite fortlaufend Tränen still aus den Augen. Der Unternehmer machte es kurz, und Fabricius sagte gar nichts.

Seit etwas mehr als 25 Jahren betrieb er nun dieses bejammernswerte Geschäft. Rührung hatte ihn höchst selten ergriffen. Beklemmung nie, aber jetzt war sie da. Trennung konnte schwer sein – von Menschen; das wußte er. Aber vom Job, von der Arbeit, vom Arbeitsplatz und Betrieb – das war für ihn, wie man so schön zu sagen pflegte, eine neue und zugleich recht späte Erfahrung.

Es dunkelte schon, doch erst leicht in den Anfängen des dem Ende zugehenden Tages, als er des Verbandsgebäudes ansichtig wurde. Licht flutete aus den Fenstern einer Etage. Da waren so wie er selbst einige seiner Kolleginnen oder Kollegen zu trödelig gewesen und während der Dienstzeit nicht mit der Arbeit fertig geworden. Vorsichtig parkte er in die Garage ein. Nach solchen Erlebnissen holte man sich leicht eine Schramme an der Karosse.

„Wer schleicht denn da so durch die Gänge?" ruft eine helle Stimme hinter ihm, als er in sein Zimmer abdrehen will.

„Ach, Fabricius – Fabricius ist da!" schallt es. Claudia Hausmann hat ihn entdeckt. „Na, wie war es? Alles geschafft, Bude dicht?" klingt es munter. „Mensch, wie sehen Sie denn aus? Richtig geschafft, was?"

„Das kommt von den dunklen Dreiteilern, die Sie jahraus jahrein tragen", kommt Bettina Hammerschmied um die Ecke. „Da sieht einer immer mies aus. Sie müssen auch mal was Ordentliches essen", besorgt sie sich.

„Das ist mir vergangen. Besser täte ein Whisky, 6 cl mindestens", flachst er die Kolleginnen an. Kollege Scharfegge und Referendar Jünger gesellen sich herbei. „Den Schriftsatz für Sie habe ich zusammengebaut. Hier – Herr Fabricius", meldet Jünger eifrig. „Das ist lieb, da haben Sie mir wirklich sehr geholfen, Herr Kollege", dankt Fabricius erleichtert. „Zu uns sagt er nie so was Nettes", schubst Bettina Claudia an.

„So schlimm kann's nicht gewesen sein", tönt aus dem Hintergrund die Stimme von Assessor Schaffsam. „Es ist doch eine Totalstillegung – Totaloperation hätte ich fast gesagt – Entschuldigung bitte, die Damen! Also keine Sozialauswahl, weil alle gehen. Und die Abfindung kann man gewaltig drükken. Klagen der Leute sind da aussichtslos. Der Rest an unternehmerischer Entscheidungsfreiheit in der Republik – das Recht, die Bude dicht zu machen!"

„Stimmt ja alles, ist ja auch gelaufen. Aber stellen Sie sich vor! Rappelfertig bin ich. Die Leute – die haben geheult." Fabricius berichtet. Alles schweigt.

„Nun machen Sie sich nichts daraus. Edeltraut hat neulich gesagt: ‚Die werfen uns so viele Knüppel zwischen die Beine.

Da muß man hart sein.‘ Die verspürte mal so einen Hauch von Mitleid bei einer entlassenen Frau; geschieden und zwei Kinder.“ Bettina spricht aufmunternd. „Blasen Sie nicht Trübsal!“

„Am besten – wir ziehen jetzt alle heimwärts. Der Tag war lang genug“, mahnt Schaffsam. „Mehr als lang mit seinen acht Stunden“, setzt Fabricius fort. „Von acht bis acht“, vereinigen sich die übrigen Stimmen zum Chor.

Mit dem schweren Bleiglas in der Hand – drei Stockwerke drin – lehnt er über die Balustrade des Balkons, schnuppert an dem feinen Stoff und schlürft ganz vorsichtig in sich hinein, auf daß von Geruch und Geschmack des kostbaren Nasses auch nichts verloren gehe. Wie immer kreisen seine Gedanken in den Nachwehen des täglichen Geschehens. Und so sinnt er auch dieses Abends in die Dämmerung hinaus.

Kaum zu begreifen. Angesichts der bald sechs Millionen Arbeitslosen schwadronieren alle durch die Gegend und markieren den großen Macker, wie man an der Ruhr sagt, als wäre überhaupt nichts geschehen. Sitzen alle noch auf dem hohen Roß. Tun so, als würde alles laufen.

Doch das einzige in der Republik, was läuft, sind die Betriebe. Aber immer mehr davon nicht so sehr drinnen, als vielmehr draußen. Wie die sich in den Verhandlungen über den Transport der Maschinen ins billige Ausland aufgeregt haben. Von Europäischem Betriebsrat und der ILO in Genf – internationales Gehabe kommt ja immer gut an – soll die Rettung kommen und dem schleichenden Sozialdumping ein Ende bereitet werden. Von den Billig-Lohn-Ländern will man sich den Sozialstaat nicht kaputtmachen lassen.

Aber die christlich-sozial-liberale Union, die Regierung, spricht selbst von der Vorbildfunktion der sogenannten Sozialen Marktwirtschaft für die ganze Welt – gemeint ist wohl die Wirtschaft mit sozialistischen Macken. Am deutschen Wesen soll die Welt eben mal wieder genesen; und gar zum dritten Mal in diesem Jahrhundert. Da ist das Geschwafel von Gewerkschaft und Betriebsrat verzeihlich. Die leben alle noch in den sozialseeligen Wohlstandsgefilden, wo mit immer weniger Arbeit immer mehr Geld verdient wird. Dabei fällt der berühmte Marxsche Mehrwert nicht in den kapitalistischen Geldsack, aber auch nicht in die Lohntüte, sondern in das Säckel der sozialistischen Republik. Ja – und auf der Strecke bleiben die Arbeitnehmer, die Arbeitslosen; wie schon vor über zehn Jahren der Bonner Professor in seinem schwarzen Buch geschrieben hat.

Fabricius wendet sich hinein. Seine halbnackte Göttin in Öl schaut ihm von wirklichkeitsentrücktem Gestade entgegen. Hinter ihr, jenseits still hinziehender, regenbogenfarben sich spiegelnder Wasser formt am Horizont schwebend und verschwimmend sich das Gebilde einer neuen Stätte – einladend zum Verweilen.

Fabricius beschließt den Tag: „Ist das nun Utopia ... oder geht es wirklich weiter – hinterm Horizont?"

Nach-VORWORT

Der geneigte Leser mag den Begebenheiten die Wertung, es seien unterhaltsame Possenspiele, zukommen lassen wollen. Die Ereignisse mögen den Anschein seltsamster Merkwürdigkeiten, geboren aus übersteigerter Phantasie, erwecken. Die handelnden Personen mag die Luft verschrobener Gestalten umwehen. Das Gefühl, gleichsam in den „Nebeln von Avalon“ herumzustochern, mag einen beschleichen, aber zugleich erleichtern, weil die rettende Insel des „So-schlimm-kann-es nicht-Seins-und-Kommens“ beruhigend auftaucht.

Die Begebenheiten sind jedoch Darstellung erfahrener Wirklichkeit – Streiflichter durch die Arbeitsmarktmisere der Republik; wie diese von „Oben“ durch Gesetz, insbesondere durch Rechtsprechung und auch durch die Tarifpolitik unheilvoll und mitentscheidend beeinflußt worden ist. Doch auf die solcherart eingetretenen, schlüpfrig-morastigen Pfade in den Niederungen der Alltäglichkeit, fällt es niemandem von „Oben“ ein, hinunterzusteigen. Da unten entzerrt die Wirklichkeit wunschvoll geflochtenes Gespinst.

Die Sicht mag einseitig scheinen; sie ist es auch, weil nur eine von mehreren Seiten der Problematik beleuchtet wird. Totale Erleuchtung ist nicht beabsichtigt.

Die etwas ungewöhnliche Art und Weise der Schilderung soll Eindringlichkeit bewirken und bisherige Veröffentlichungen der letzten Jahre aus rechtswissenschaftlicher Sicht unterstützen. Die Vorkommnisse tragen leider nur den Schein des – kurz gesagt – Grotesken und Absurden. Über sechs Millionen Arbeitslose in 1997 und 1998 bestätigen leider die Entwicklung über Jahre hin (Tabelle 56 des Sachverständigen-Jahresgutachtens 1997/98, Seite 165).

Tatsächliche Ereignisse sind Gegenstand der geschilderten Begebenheiten. Sie sind, insbesondere die handelnden Personen betreffend, mit einem Rankenwerk nur begrenzt phantasiehafter Ausschmückung versehen, jedoch mosaikartig komprimiert aus – wie könnte es anders sein – Jahren intensivberuflicher Tätigkeit. Es ist der Versuch, auch Stimmung einzufangen und zu vermitteln. Daher sind die geschilderten Typen, die ihnen eigene Handlungsweise und deren Umgebung frei erfunden und irgendwelche diesbezüglichen Ähnlichkeiten mit noch lebenden oder nicht mehr lebenden Personen rein zufällig.

Die märchenhaft anmutenden Geschehnisse beginnen mit der im Jahre 1983 erlittenen höchstrichterlichen Entscheidung, die – um mit dieser Angabe Vertrautheit mit rechtlichem Wissen zu demonstrieren – unter dem Aktenzeichen 2 AZR 15/82 ergangen ist. Was auch immer zu dieser und manch anderer gewichtigen höchstrichterlichen Entscheidung veröffentlicht worden ist, weitgehend unbeachtet bleiben die praktischen Auswirkungen. Das betriebliche Hintergrundrumoren, treibsatzartige Reagieren in der Praxis des sogenannten „lean personal management“ und verbiesterte Dagegenhalten scheint weitestgehend unbekannt oder wird – was wahrscheinlicher und desto schlimmer – in Gedankenlosigkeit nicht beachtet oder sogar verdrängt. Die Betriebe – fast das einzige, was in der Republik noch funktioniert, ja funktionieren muß – haben ihren eigenen Kanon gegen Schikane abseits juristisch überheblicher Besserwisserhafterei entwickelt. Rechtlich lästigen, ideologiebehafteten Hemmnissen sind sie in der ihnen eigenen Art mit schöpferischer Betätigung – auch Pragmatik genannt – begegnet.

An die Entscheidung am Tage vor St. Johannis reiht sich zeitlich eine Hälfte der Begebenheiten. Die andere Hälfte läßt sich – zeitlich auch erkennbar – in die Jahre ab 1992 einordnen. Es sind keine Einzelfälle; sie lassen sich nicht nur um „ein Vieles“, sondern um „mehr Vieles“ vervielfachen, was im einzelnen zu schildern sich in Weitläufigkeit verlieren würde.

Soweit es auf den Stand der Gesetzgebung ankommen sollte, ist der Zeitraum bis zum 30. September 1996 maßgebend.

NACHLESE

Die handelnden oder auch nur verharrenden, aus den Begebenheiten heraus sich bewegenden Institutionen und Personen bedürfen – gleichsam im Ausklingen – einer Nachbetrachtung. Es sind die Gerichte der Arbeitsgerichtsbarkeit mit ihren Richtern, die Unternehmer mit ihren Betrieben, die Organisationen der Unternehmer und der in den Betrieben Beschäftigten, nämlich Arbeitgeberverbände und Gewerkschaften, und es sind schließlich die Vertreter oder Funktionäre dieser Organisationen. Sie alle sind in ein Geflecht gegenseitiger Abhängigkeiten verwoben – etwas genauer möchte man sagen: verwoben worden. Es ist eines unter den vielen anderen Geflechten, die das wirtschaftliche und, davon abhängig, das gesellschaftliche Geschehen auf jeden Fall beeinflussen und manches Mal auch bestimmen. Eine einfache, zugleich auch nachlesbare Beschreibung ist schwierig, weil sie den bisher vorgegebenen Rahmen einerseits nicht sprengen darf, andererseits durchsichtiger in Nachsicht und auch mit Nachsicht gestalten soll. Es geht um eine Skizzierung des Beziehungsgeflechtes.

ER – Unternehmer und Betrieb

ER ist die Gestalt, die in den Begebenheiten hervortritt und aus diesen heraustritt. ER faßt den Entschluß zu schaffen, hat die Idee, etwas zu schaffen, und unternimmt es auch, etwas zu schaffen. ER schafft etwas oder er schafft etwas an und verschafft es weiter. ER schafft es für andere. ER gestaltet das Schaffen selbst: eigenhändig, eigenständig und eigenwillig. ER ist deswegen eigen und kann sehr eigen sein. ER wird Unternehmer genannt.

Wenn ER nicht allein, sondern mit anderen schafft – also andere für sich schaffen läßt –, verschafft ER anderen Arbeit. ER schafft also Arbeit und beschäftigt. ER gibt Arbeit und wird deswegen auch Arbeitgeber genannt. Diejenigen, die diese Arbeit annehmen, sind Arbeitnehmer. ER gestaltet und bestimmt die Arbeit, die er vergibt; deswegen werden die Arbeitnehmer als fremdbestimmt bezeichnet.

Um Mißverständnis vorzubeugen: Hier ist vom Schaffen die Rede! Nicht gemeint ist das Geschaftel oder die Geschaftelei. Ein Greuel sind Geschaftlhuber!

Stätte des Schaffens ist der Betrieb – eine Räumlichkeit jedweder Art: von der Garage bis zur Fabrikhalle, dem Bürozimmer bis zum Großraumbüro, dem Kaufladen bis zum Kaufhaus oder Supermarkt, der Therapeuten-Couch und Arztpraxis bis zur Privatklinik. Der Betrieb ist die Gemeinschaft der Schaffenden, die Schaffens- oder Betriebsgemeinschaft. Sie ist keine Gemeinschaft auf Lebenszeit wie die der Nonnen oder Mönche im Kloster, auch nicht eine Gemeinschaft auf Pension wie die der Beamten, beamteten Parteipolitiker und Richter im Staat, sondern eine Zweckgemeinschaft zur Erreichung eines Zieles. Sie ist nach unserem Verständnis eine freie Gemeinschaft, keine Zwangsgemeinschaft von KZ-Häftlingen, Kriegsgefangenen, Fremdarbeitern oder staatlich vermarkteten

Arbeitskräften. Es steht auf jeden Fall jedem frei, die Gemeinschaft zu verlassen. Dem Eintritt in die Gemeinschaft stehen gegenwärtig Schwierigkeiten entgegen, die das bedrückende Thema der Zeit sind. Doch hat es auch zu keiner Zeit eine Eintrittsgarantie für jedermann gegeben.

Der Betrieb ist eine Gemeinschaft, die von der Arbeit und in der Arbeit als solche besteht. Die Gemeinschaft hat, durch die Arbeit und deren Organisation bestimmt, ihr Eigenleben: eigene Normen und Formen des Zusammenwirkens, Zusammengehörens und Zusammenseins der Schaffenden – der Menschen. So verschieden die Arbeit und die Menschen, so verschieden voneinander auch eine jede dieser Gemeinschaften – ein jeder der Betriebe. Doch so wie Menschen gemeinsame Merkmale eigen sind, ist gemeinsames Merkmal der Betriebe das zweckmäßig und zielgerichtet organisierte und gegliederte Arbeiten von Menschen; es sei denn, es wird dort mehr die Freizeit als die Arbeit organisiert, was vorkommen soll.

Ohne ER, ohne seine Idee, ohne seine Unternehmung und – vor allem – ohne die für ER unverzichtbare Freiheit zur Entwicklung von Ideen und Freiheit zur Gestaltung der Unternehmungen läuft nichts, es sei denn, es läuft leer; nicht auszuschließen allerdings, daß manchmal etwas danebenläuft.

ER, der Gegenstand der Betrachtung ist, sind nicht so sehr Großbetriebe, die Konglomerate und Kombinate von Industrie und Handel. ER sind die Mittel-, Klein- und Kleinstbetriebe des sogenannten Mittelstandes – nach gängiger Klassifizierung die Unternehmer und Betriebe mit bis zu 500 Beschäftigten. Sie sind schlagzeilenträchtiger Berichte nicht würdig. Totaler Vergessenheit fallen sie anheim und erfreuen sich wie auch diesjährig in Wahljahren der aus dem Dornröschenschlaf geweckten Erinnerung von Staats- und Parteienbonzokratie. Doch sollen sie laut statistischer Verlautbarungen immerhin drei Viertel aller Lehrlinge (Azubienen und Azubis) ausbilden, zwei Drittel aller Arbeitnehmer beschäftigen und fast die Hälfte der Umsätze tätigen.

Diese Unternehmer mit ihren Betrieben werden – jedenfalls in Wahljahren – als das Rückgrat der Wirtschaft oder gar der Nation umwerbend angehimmelt. Sie selbst bezeichnen sich jedoch immer als der Packesel und Lastenträger der Nation. Denn sie sind finanzieller Belastungen, staatlicher Regulierungswut, richterlicher Anmaßung und gewerkschaftlicher Bevormundung im Übermaß ausgesetzt und somit überdrüssig geworden. Da sie sich dem Exodus der Großen nicht anschließen, nicht auswandern können, sind sie leise weinend in aller Stille in die innere Emigration gegangen; haben eine Verweigerungshaltung eingenommen. Sie denken nicht daran einzustellen und tun gut daran, nicht einzustellen – wenigstens vorläufig.

Schon in der Rezession zu Beginn der 80er, erst recht der 90er Jahre haben sie feststellen müssen, daß Arbeitsplätze in den Betrieb einbetoniert sind und nur mit einem finanziell höchsttourig laufenden Preßlufthammer aufgebrochen werden können. Das auf Kündigungserschwerung, wenn nicht -vereitelung angelegte Rechts- und Rechtsprechungssystem hat sie total verunsichert. Sie fühlen sich verurteilt, lebenslang beschäftigen zu müssen. Sie sind hier offensichtlich fremdbestimmt und können sich aus der Fremdbestimmung nur mit Geld loskaufen. Ganz abgesehen davon, stößt bei derart aufgezwungener lebenslanger Beschäftigung schon geringfügige Veränderung von Arbeitstätigkeit oder Arbeitsplatz auf rechtliche Schwierigkeiten, die allzu leidvoll erfahren worden sind.

Durch Gesetz und Tarif vorgegebene Erschwerungen in der Arbeitszeitgestaltung haben ein übriges getan. Das zusätzliche Gerangel mit dem absolut gleichberechtigten Betriebsrat um Frühschluß am Freitagmittag, Überstunden und Wochenendarbeit hat mancherorts Zerknirrschung hinterlassen. Denn von Dauer und Lage der Arbeitszeit sind Arbeitsleistung, -ergebnis und -menge abhängig. Die vom Staat, vom aus Gewerkschaft und Arbeitgeberverband bestehenden Tarifkartell und vom Betriebsrat gleichsam bewirtschaftete Arbeitszeit bestimmt den Unternehmer noch fremder. Das bekümmert ihn, kümmert aber nicht den Kunden und den Wettbewerb. „Jedem die Arbeit, die ihm gefällt, und die Arbeitszeit, die ihm behagt", ist das vollmundig allerorten quer durch die Republik gepriesene Betriebsmodell. Bei Vater Staat, dessen Bedienstete durch die überdrehte Steuerschraube gerade auch von den Arbeitnehmern in den mittelständischen Betrieben finanziert werden, mag das alles möglich sein. Großbetriebe mögen da zum Teil noch einige Zeit mithalten können.

Auch können Unternehmer – gerade in Kleinbetrieben von 40 oder 70 Mann und Frau, wo eine und einer auf dem anderen und der anderen hängt – kaum entzückt von der Einsichtnahme in die Lohntüte ihrer Mitarbeiter sein. Bei 45 % Lohnabzug an Steuern und Sozialabgaben lugt Kommunismus, auf jeden Fall Staatssozialismus hervor. Denn der Staat letztendlich und nicht einmal so sehr das vielgeschmähte Tarifkartell bestimmt die Lohnhöhe – gemeint ist „netto". Hier ist denn auch der Arbeitnehmer echt fremdbestimmt – nämlich vom Staat! Verdruß bei dem einen, Frust bei dem anderen und somit allseitige Demotivation sind die schleichende Betriebskrankheit. Staatliche, im Nichtstun erstarrte Verkrustung führt so zu betrieblicher Verfrustung.

So ist denn zumindest in demselben Maße, wie der Arbeitnehmer glaubt und geglaubt wird, fremdbestimmt zu sein, oder tatsächlich fremdbestimmt ist, auch der arbeitgebende Unternehmer selbst fremdbestimmt. Dies dürfte eine nicht unwesentliche und nicht gänzlich der Logik entbehrende Schlußfolgerung sein.

So hat sich denn eine Art Wagenburgmentalität aufgetan. Ein allgemeines unternehmerisches Unlustgefühl ist feststellbar – insbesondere gegenüber Appellen in der Öffentlichkeit, zusätzlich Arbeit zu schaffen, Arbeitsplätze zur Verfügung zu stellen und Arbeitslose einzustellen. In Verdrossenheit an Staats-, Partei- und Tarifunwesen harrt man in der Hoffnung auf Veränderung aus; sitzt man aus. Warum auch soll man als Unternehmer hier beweglich sein, wenn alles unbeweglich geworden ist? Der Unternehmer hat keine soziale Bringschuld; ausgenommen die sozial-menschliche Bringschuld gegenüber ehemaligen Lohnsklaven als harte und gerechte, in bequemer Vergessenheit leichthin übersehene Folge des zweiten, in diesem Jahrhundert von Deutschland und damit auch von dessen Unternehmern verlorenen Weltkrieges.

Gerichte und Richter

Im Rechtsstreit vor dem Arbeitsgericht steht nicht der Arbeitnehmer als Einzelperson, steht auch nicht sein jeweiliger Arbeitgeber, wie der Unternehmer als Rechtsfigur bezeichnet wird; vielmehr steht dort die Gemeinschaft der Schaffenden, die Betriebsgemeinschaft – der Betrieb, dem die beiden um das vermeintliche Recht streitenden Prozeßbeteiligten angehören. Der Betrieb sitzt als unsichtbarer, stiller Zuschauer und Zuhörer und immer als Betroffener im Sitzungssaal.

Arbeitsgerichte – insbesondere Landesarbeitsgerichte und Bundesarbeitsgericht – entscheiden mitnichten Fälle oder Einzelfälle. Sie regeln nicht die Rechtsbeziehungen der von den Winden der Betriebsalltäglichkeiten zufällig vor den Richtertisch gewehten Prozeßparteien. Jedenfalls regeln sie nicht nur diese; vielmehr setzen sie zugleich Rechts- und Verhaltensgrundlagen für die der Betriebsgemeinschaft angehörenden Personen und Personengruppen. Sie machen damit Gesetze für den Betrieb: Betriebsgesetze oder Arbeitsgesetze für den Betrieb – und darüber hinaus für viele andere, wenn nicht für alle anderen Betriebe.

Der Türke Mehmet Ali Bediz und sein Personalchef Vollmuth sind keine Einzelgänger im weiten Reiche arbeitsgerichtlicher Streitigkeiten. Der Satz des Bundesarbeitsgerichtes „Voraussetzung einer sozial gerechtfertigten krankheitsbedingten Kündigung ist nicht das Fehlen eines ausgewogenen Verhältnisses von Leistung und Gegenleistung, sondern das Vorliegen eines Sachverhaltes, durch den die betrieblichen Interessen unzumutbar beeinträchtigt werden“ gilt für alle Betriebe quer durch die Republik. Der Satz gilt in den Betrieben auch nicht nur für türkische und 50jährige, sondern für alle Arbeitnehmer. Es kann also ein gerade zwei Jahre lang beschäftigter Arbeitnehmer, nicht entlassen werden, wenn er zu einem Drittel der Arbeitszeit wegen Krankheit fehlt; und zwar deswegen nicht, weil es auf die Zahl der Fehltage nicht ankommt. Er kann nur dann entlassen werden, wenn ein vom Ergebnis her in nebelhaftem Dunst waberndes medizinisches Gutachten bestätigt, daß für die Zukunft mit weiteren erheblichen Ausfallzeiten zu rechnen ist, und all das und anderes mehr eine unzumutbare Beeinträchtigung betrieblicher Interessen darstellt. Auf die Höhe der finanziellen Belastung mit Lohnfortzahlungskosten kommt es nur dann an, wenn andere Arbeitsplätze und der Bestand des Betriebes gefährdet sind.

Folge eines solchen höchstrichterlich verordneten, betrieblichen Arbeitsgesetzes ist schon einmal, daß ältere Personen nicht mehr eingestellt werden, weil sie erfahrungsgemäß krankheitsanfällig sind. Weitere Folge ist, daß neu eingestellte Arbeitnehmer aufgrund rigoroser Fehlzeitenkontrolle schon während der ersten, spätestens zweiten Arbeitsunfähigkeit rücksichtslos entlassen werden. Folge ist auch, daß ältere, krankheitsanfällige oder leistungsschwache Personen schon vorbeugend in Befürchtung zukünftiger Kostenbelastung mit Hilfe von Sozialplänen entlassen werden, um drohende kostenträchtige und zeitaufwendige Gerichtsverfahren bei Einzelkündigungen zu vermeiden.

Das eine Beispiel mit einigen wenigen geschilderten seiner viel weiter reichenden Auswirkungen mag genügen. Urteile, die während Arbeitsunfähigkeit im einen, Nachtschichtarbeit im anderen Betrieb nicht ahnden, Arbeitsverweigerung rechtheißen, Beleidigung von Vorgesetzten letztendlich gutheißen, häufiges unentschuldigtes Fehlen oder Zuspätkommen trotz Abmahnung hinnehmen, und viele derartiger Gerichtsentscheide mehr schleifen tiefe Spuren in den betrieblichen Alltag. So sehr sie den Arbeitnehmer von lästigen Pflichten freisprechen, erwecken sie Ohnmachtsgefühle beim Unternehmer. Das gilt auch und insbesondere für die Auseinandersetzungen zwischen Betriebsrat und Unternehmer im weitläufigen Mitbestimmungsbereich.

Die vor allem höchstrichterlich verordneten Betriebsgesetze sind im Zeitalter der mit Schallgeschwindigkeit arbeitenden Massenkommunikationsmittel Gegenstand umfänglicher Verbreitung in den Betrieben. Auf Informationsveranstaltungen sind sie – abhängig vom rhetorischen Vermögen – Gegenstand inhaltlicher Zerpflückung bis hin auf das letzte Komma. So betriebsfremd und betriebshemmend auch immer ein Urteil, Wege betriebspraktischer Umwanderung lassen sich immer finden – bis hin zur Auswanderung.

Infolgedessen bleibt es unbegreiflich, wie die Arbeitsgerichtsbarkeit den Standpunkt einer nur einzelfallbezogenen, betriebs- und arbeitsmarktneutralen Rechtsprechung einnehmen kann. In welchem Ausmaße diese Gerichtsbarkeit insbesondere auch auf dem Gebiete der Mitbestimmung zu Entlassungslust, Einstellungsfrust und Republikflucht beigetragen hat, ist eine der interessantesten, aus mancherlei Gründen bisher ununtersucht und unbeantwortet gebliebenen Fragen.

Dieser Gerichtszweig hatte bis zu den 70er Jahren ein Schattendasein geführt und ist im Rahmen der Arbeits- und Sozialgesetzgebung der sozial-liberalen Regierungskoalition von 1969 aufgeblüht. Unbedachtheit und Schwammigkeit jener Gesetze haben dieser Gerichtsbarkeit ungeahnte Spielräume eröffnet; innerhalb der Spielräume Spielfelder aufgetan, deren Weite aufgrund der Vielfältigkeit betrieblichen Geschehens und menschlichen Verhaltens oft überraschend war. Zugegebenermaßen traf die Überraschung nicht nur die Richter, sondern auch alle anderen Beteiligten und als zutiefst Betroffene die Unternehmer und ihre Betriebe.

Ideologiebeschwingt wie der Sozialgesetzgeber, die Sozialpolitiker aller Parteien und die sozial bis sozialistisch eingefärbten Organisationen sind die Richter – gemeint sind die Berufsrichter – in diesen Gerichtszweig eingestiegen, der hochinteressante und unerschöpfliche Möglichkeiten rechts- und gesellschaftspolitischer Betätigung bot. Daß dieser Betätigung, soweit eben sie dafür nicht sogar mitursächlich war, in wirtschaftlicher Stagnation und Rezession Grenzen gesetzt sind, ist eine neue, bisher leider nicht heilsame Erfahrung.

Man hat sich nicht unbedingt vorgestellt, daß bei den Arbeitsgerichten eine Flutwelle von Kündigungsprozessen gegen den Richtertisch brandet und zur richterlichen Hauptbeschäftigung wird. Daß man als Richter im Kündigungsrechtsstreit eines 50jährigen Arbeitnehmers – und deren sind viele – immer über das Ende von dessen beruflicher Tätigkeit entscheidet, weil er keine neue Stelle finden wird, ist eine bittere Einsicht in eigenes berufliches Tun. Das führt unwillkürlich einmal dazu, die rechtliche Meßlatte für Kündigungen höher und höher anzusetzen. Da diese rechtlichen Anforderungen betrieblicherseits nicht erfüllt werden können, ist damit andererseits die Grundlage für den gerichtlichen Vergleich geschaffen. Und um dem Entlassenen den unwiederbringlichen Verlust des Arbeitsplatzes schmackhaft zu machen, werden verständlicherweise die Abfindungszahlungen höher und höher geschraubt. Dieses wiederum läßt die Betriebe vor Neueinstellungen zurückschrecken. So ist das System langsam an seine Grenzen gestoßen.

Ein Teil der Richter und darunter vor allem diejenigen, denen sich bei ihrer Tätigkeit als Vorsitzende von Einigungs- und Schlichtungsstellen die betrieblichen Beschwernisse aufgedrängt haben, sind nach und nach in ein von betriebspraktischen Erfordernissen bestimmtes Handeln (Betriebspragmatik) hinübergeglitten. Sie haben sich zu hilfreichen Stützen bei der Lösung von personellen und betrieblichen Problemkonflikten entwickelt.

Aber – was alles läßt sich letztendlich auch von Rechtssystem und Rechtsprechung eines Landes erwarten, das ein Katastrophenjahrhundert hinter sich gebracht hat? Zwei verlorene

Weltkriege und fünf – es sind fünf, wenn nicht sechs! – höchst unterschiedlich strukturierte Staatlichkeiten haben Gesetzgebung und Rechtsprechung Tiefschläge versetzt, über die zu sprechen niemals in die Zeit paßte und auch heute nicht päßlich ist.

Gewerkschaften

Sie haben über die letzten drei Jahrzehnte hin ihre staats- und betriebsbezogenen Ziele in bewundernswerter Weise fast erreicht – nicht so sehr den sozialen Staat, als vielmehr den Staatssozialismus, der mitbestimmte Betriebe einschließt. Durch ihre Mitglieder in den Parlamenten von Ländern und Bund sowie in den Betriebsräten der Unternehmen hatten und haben sie entscheidenden Einfluß auf die Arbeits- und Sozialrechtsgesetzgebung und auf die Umsetzung der Tarifverträge in den Betrieben: das betriebliche Arbeitszeitkorsett und Lohngefüge. Faszinierend ist, daß ihnen dieses vor allem auch unter der christ-demokratisch-liberalen Unionsregierung seit 1982 gelungen ist und der Zusammenbruch der ostelbischen Diktatur des üblen Staatssozialismus ihrem sozialistischen Eiferertum keinen Abbruch getan hat. Das ist aber nicht das Thema.

Bezogen auf die Einstellungs-, besser Nichteinstellungspraxis der Unternehmer läßt sich feststellen, daß die Gewerkschaften selbst ihre Mitglieder aus den Betrieben und damit auch aus ihrer Organisation „wegrationalisiert“ haben – offensichtlich, ohne es zu bemerken. In den unteren Lohngruppen der Tarifverträge für einfache und leichte Tätigkeiten ist die Arbeit zu teuer geworden – für den Betriebspraktiker spätestens seit Ende der 80er Jahre eine alte Binsenweisheit. Diese unteren Lohngruppen sind einmal bei Tariferhöhungen bevorzugt angehoben worden. Zum anderen sind sie in Arbeitsgerichtsverfahren mit wohlwollender Hilfe von arbeitswissenschaftlichen und arbeitsmedizinischen Gutachten aus den Betrieben geklagt worden: es gibt eben keine einfache und auch keine leichte Tätigkeit mehr, weil alles schwieriger und schwerer geworden ist. Das Heer der dort beschäftigten, insbesondere weiblichen Arbeitskräfte mußte in höhere Lohngruppen überführt werden. Und damit wurde in den Betrieben eine Lawine losgetreten.

Die von den Gewerkschaften nicht bedachte Folge dieser Verteuerung der Arbeit waren daraufhin verstärkt einsetzende betriebliche Rationalisierungsmaßnahmen oder die Verlegung der Arbeitsplätze ins Ausland. Die Masse der entlassenen Arbeitskräfte fand sich wieder in Arbeitslosenstatistik, Vorruhestand oder geschmähten Billig-Lohn-Jobs an der gegenwärtig bei 620 DM gezogenen Grenze. Mit den Entlassungen erhielt die Gewerkschaft die Mitgliedsbücher zurück. Die unüberlegte und überhastete Einführung westelbischer Lohntarife in Ostelbien hat das Debakel vergrößert und ist trauriger Beweis für die Richtigkeit dieser Darstellung als einer der maßgebenden Ursachen für die Nichteinstellungs- und Entlassungspraxis der Unternehmer sowie den Mitgliederschwund der Gewerkschaften. Arbeit in diesem unserem Lande ist zu teuer geworden – vielleicht auch der Mitgliedsbeitrag.

„Mit höchsten Löhnen gegen den Rest der Welt" bleibt gleichwohl das Motto der Gewerkschaften. Globales Denken war eben noch nie Sache der Deutschen. Das gilt noch mehr für die Republik und ihre Parteipolitiker. Sie satteln dem Unternehmer auf den Hochlohn runde 40 % Sozialabgaben (Arbeitgeberanteil an Sozialversicherung, Lohnfortzahlung bei Krankheit, Feiertagsbezahlung und des anderen mehr) und prügeln den Packesel mit diesem Schwergewicht ins weltweite Wettrennen um Arbeitsplätze.

Vor rechtlich uneingeschränkter Streikfreiheit und schier ungehemmter Streiklust haben die Unternehmer zutiefst verschreckt den Rückzug angetreten und so den gewerkschaftlichen Höhenflug begleitet. Durch Untätigkeit des Gesetzgebers und ermunternde Rechtsprechung war und ist hier wie überall gewerkschaftlichem Betätigungsdrang keine Grenze gesetzt. Die so über Jahre hin für die Masse der Arbeitnehmer erzielten nicht mehr marktwerten, sondern politischen Löhne haben die Massenarbeitslosigkeit – man kann es nicht oft genug wiederholen – kräftiglich beflügelt.

Im ideologischen Wellenbad der 70er und 80er Jahre waren Gewerkschaftsfunktionäre von schrankenlosem Demokratieverständnis und unbändigem Freiheitsbewußtsein bis in die Betriebe hinein getragen. Wo nicht die Flut neuer Gesetze half, besserte die Rechtsprechung nach, um Arbeitnehmern, Betriebsräten und Gewerkschaften nicht nur rechtliche, sondern auch wirtschaftliche Parität gegenüber den Unternehmern zu verleihen. Im Rückblick auf das zu Ende gehende Jahrhundert sollte man nicht bei Thukydides und Tocqueville Nachhilfestunden nehmen müssen, um der bescheidenen Einsicht teilhaftig zu werden, daß Demokratie sich selber in Demokratie – vornehm ausgedrückt – ertränken kann.

Bei Betriebsräten hat unter dem Druck und Eindruck der Entlassungen ein Umdenken stattgefunden. Betriebsräte sind zwar, weil Demokratie vor dem Fabriktor nicht halt machen kann, das Salz in der Suppe. Daß aber manche Suppe leider versalzen wird, liegt in der Natur der Sache. Und ist die Suppe ungenießbar, wird sie weggeschüttet. Auf der Strecke bleiben betriebsstillgelegte Arbeitnehmer. Doch haben Betriebsräte viel eher als dahinter stehende Gewerkschaften die Grenzen des sozial und sozialistisch Machbaren in den Niederungen des betrieblichen Geschehens erkannt.

Dasselbe gilt für Gewerkschaftsfunktionäre vor Ort, die in betrieblichen Rettungsaktionen hilfreich Betriebsräten und auch Unternehmern zur Seite gesprungen sind und dabei ideologischen Ballast über Bord geworfen haben. Nachdem die Gewerkschaften selbst infolge ihres republikweiten Mitgliederschwundes zur Entlassung eigener Mitarbeiter gezwungen sind, hat bedauerlicherweise manch älterer, kenntnis- und listenreicher, verhandlungsgewandter Fahrensmann zwangsweise den Hut nehmen müssen.

Arbeitgeberverbände und ER

Hier steht auch ER noch einmal im Rahmen der Betrachtung. Ohne Mitglieder, ohne Unternehmer, ohne ER – keine Verbände: keine Unternehmens-, keine Arbeitgeberverbände. ER schafft durch seine Mitgliedschaft auch die Verbände und ER beschäftigt auch die Verbände, die Verbandsfunktionäre. Deswegen vorweg eine alte Spruchweisheit: Die Verbände der Unternehmer können nicht besser sein als ihre Mitglieder selbst. Und hier sind es die Arbeitgeberverbände als die sogenannten Sozialpartner, Tarifpartner oder Gegenspieler und letztlich Gegner der Gewerkschaften.

Unternehmer sind in dieser Verbandsorganisation gewißlich nicht deswegen Mitglied, weil sie fast alljährlich, in gleichmäßig feststehendem Rhythmus aufgrund gleichbleibend zelebrierten Rituals höhere Löhne für kürzere Arbeitszeiten zahlten. Auch Urlaubserhöhung auf sechs Wochen mit ihren Schwierigkeiten bei der betrieblichen Freizeit-, nicht Arbeitszeitgestaltung gab bestimmt nicht übermäßigen Anreiz. Belastungen mit zusätzlichem tariflichem Urlaubsgeld und Weihnachtsgeld – Jahresabschlußvergütung genannt, in Verbannung christlicher und Bevorzugung sozialistisch-pluralistisch-neutraler Ausdrucksweise – konnten kaum einen zugkräftigen Werbespot für Verbandbeitritt oder -verbleib abgeben. Erstaunlicherweise sind es in der Sphäre des Emotionalen liegende Gründe, welche die von Hause aus in Rationalität befangenen, mit dem spitzen Bleistift rechnenden Unternehmer über Jahrzehnte hin in den Verbänden gehalten haben.

Ganz bestimmt spielt in den mittelständischen, im Familienbesitz befindlichen Unternehmen die Tradition eine Rolle: Man war eben schon immer im Verband; das war immer so. In dem Zusammenhang sollte auch das Standesbewußtsein, die gewisse Eitelkeit, „irgendwo hinzugehören“, nicht unterschätzt werden. Da ist der Standort, wird der Standpunkt (der Unternehmer) vertreten. Die Furcht vor der Gewerkschaftsmacht, die – aus Verbandssicht dankenswerterweise – durch linkslastige, gewerkschaftsprofilierende Darstellungen in der Medienlandschaft gespeist wird, ist ein gewichtiger Faktor. Mitgliedschaftsfördernd ist daher auch ein Solidaritätsgefühl. Durch die Verbandsmitgliedschaft soll der in der Gewerkchaftsbewegung zum Ausdruck kommenden Solidarität der Arbeitnehmer eigene Solidarität entgegengesetzt werden. Hier vermittelt der Arbeitgeberverband auch ein Gefühl der Geborgenheit für den Fall aller Fälle – den Streik. Wenn auch Weltmeister bei höchstem Lohn und kürzester Arbeitszeit, in der Streikstatistik rangiert Deutschland an hinterster Stelle. Mangels längerer und landesweiter Streiks nach US-Muster haben die Unternehmer keine Erfahrung im Arbeitskampf sammeln können. Der Streik, ganz abgesehen vom Arbeitskampfmittel Aussperrung, ist daher die große Unbekannte, gegen die man sich in der Verbandsmitgliedschaft abgesichert fühlt.

Hier hat sich der Schwachpunkt für die Unternehmerschaft und ihre Verbandsorganisation als Tarifpartner der Gewerkschaft langsam und stetig über Jahre hin unmerklich entwikkelt. Unternehmerschaft und Arbeitgeberverbände haben sich dem parteipolitisch republikweit vorgegebenen Konsensprinzip – nicht Konsenssystem – verschrieben. Denn es ist kein System, weil Systematik im parteipolitischen Gewurstel von Konfliktvermeidung und Beschwichtigung nicht erkennbar; es ist allenfalls ein Prinzip – und Prinzipienreiterei ist schlecht, ganz schlecht als ewige Ja-Sagerei.

So hat man über Jahre hin – mindestens seit dem letzten größeren Streik in 1984 um den Einstieg in die 35-Stunden-Woche bei der Metallindustrie – das Gewerkschaftsdiktat ständiger Arbeitszeitverkürzungen mit vollem Lohnausgleich und gleichzeitiger weiterer Lohnerhöhungen hingenommen. Diese negativen Ergebnisse der Tarifverhandlungen konnten jahrelang in der Verbandsmitgliedschaft als Erfolge verkauft werden: bei guter Konjunktur mit der Begründung, die Gewerkschaft hätte ja noch mehr verlangen können, man sei gut weggekommen; bei schlechter Konjunktur, man habe mit dem Tarifergebnis den gefürchteten langen Streik vermieden. In beiden Fällen verlief sich die Rechtfertigung in der berühmten Floskel: Widerstand sei nicht möglich gewesen, man habe mit dem Tarifabschluß Schlimmeres verhütet. Das gereichte jedermann zum Troste. Wenn man jedoch jedes Jahr zunächst Schlimmeres, dann noch Schlimmeres und immer noch Schlimmeres verhüten will, stellt sich die Frage, ob man überhaupt noch merkt, wann das Schlimmste da ist.

Alles wäre vielleicht für die Unternehmer noch erträglich gewesen und sie hätten sich im Verband verträglich verhalten, wenn nicht die Lohnkosten zugleich vom Staat durch die laufende Anhebung der Sozialabgaben erhebliche Steigerungen erfahren hätten. Ebensowenig wie gegenüber der Gewerkschaftsmacht haben die Verbände gegenüber der Staatsmacht diesem weiteren Diktat sichtbaren Widerstand entgegengesetzt. Die parteipolitische Anbindung, um nicht zu sagen Anbiederung an die Regierungsparteien erwies sich eher als Nachteil denn als Vorteil. Wer tritt auch schon gerne seinen Parteischwestern und -brüdern auf die Füße. So stand auch hier die Rede im Raum: Es hätte alles noch schlimmer kommen können, was man durch Einflußnahme auf die Regierung äußerst erfolgreich verhindert habe. Auch dieses gedieh allen zum Troste.

Dieser Zangenbewegung an doppelter finanzieller Belastung durch Gewerkschaftsmacht und Staatsmacht konnten die Unternehmen, vor allem die Großen, einige Zeit fast gelassen zusehen. Durch Massenentlassungen und Auswanderungsbewegung war doppelgleisig fahrendem Lohndiktat und kündigungsvereitelnder Gerichtsbarkeit auszuweichen. Aber nicht alle Betriebe konnten hochprozentige Sozialpläne verkraften oder auswandern oder sogar beides. Manch ein Betrieb konnte auch nicht mehr entlassen, weil die Personaldecke schon zu niedrig hing. Die Klein- und Mittelbetriebe waren dem Kostendruck und Abfindungspoker auf Dauer nicht mehr gewachsen. So kam Unwille an der Basis der Klein- und Mittelbetriebe langsam, aber stetig im Dampf steigender Verbandsverdrossenheit auf, fuhr zischend im Tarifdebakel der Metallindustrie von 1995 ab und blieb nicht auf diese Branche beschränkt.

Betrachtet man es jedoch bei näherem Licht, hat die Verdrossenheit kein Gewicht. Mit jahrelanger Anpassung an Gewerkschaftsdruck und Staatsvorgaben, dem sogenannten Schmusekurs, haben Unternehmer selbst und ihre Arbeitgeberverbände, beide gleichermaßen, sich eigener Handlungsfähigkeit beraubt. Es mag ja furchtbar wichtig sein, daß überall und zwischen allen die vielgerühmte „Chemie" stimmt und jeder es mit jedem kann. Auch mag sowohl auf der tarifpolitischen als auch der parteipolitischen Verbandsschiene – also gegenüber Gewerkschaften und Regierungsparteien – alles stimmig und mittig laufen müssen. Nur kann sich eine solche Konsensorientierung, wie es vornehm heißt, der Staat mit seinen unbeschränkten Finanzquellen leisten, indem alljährliches Schuldenmachen als Schuldengebirge auf die nachfahrende Generation getürmt wird. Die Frage stellt sich, ob allsolches sich auf Dauer auch erlauben kann die arbeitgebende Unternehmerschaft. Sie selbst und ihre in ständigem Jasagen befangene Organisation verlieren auf diese Weise die Fähigkeit, im Inneren Durchsetzungsvermögen zu entwickeln und nach Außen hin gesellschaftspolitische Stoßkraft zu entfalten. Darunter leiden – für die Verbandsmitglieder, aber auch für die außerhalb stehenden Unternehmer sichtbar – Führungsfähigkeit, Führungskraft und Führungsverhalten der Verbandsorganisation. Es entsteht ein Machtvakuum.

Nicht nur Gewerkschaften als Arbeitnehmerorganisation, sondern auch Arbeitgeberverbänden als Unternehmerorganisation ist kraft Grundgesetzes Macht verliehen. Ihnen steht das Grundrecht zu, Arbeitsbedingungen – und als deren wichtigste Lohn und Arbeitszeit – festzulegen; sei es im Verhandlungswege oder mit Gewalt (Streik und Aussperrung). Beide – jeder für sich – sind also ein Machtfaktor. Macht ist aber wahrnehmbar und sichtbar nur von einer Seite ausgeübt worden. Die Gewerkschaftsmacht hat nicht nur die Unternehmer in die Enge getrieben; sie hat sogar, was ganz entscheidend ist, den Staat als Arbeitgeber durch Streiks oder Streikdrohungen und als Gesetzgeber durch Demonstrationen fortlaufend vor sich hergetrieben. Und er hat sich das gefallen lassen.

So betrachtet, dürfte sich allerdings gegenüber den Unternehmern der Vorwurf des Schmusekurses als ungerechtfertigt erweisen. Wenn schon der Staat keinen Widerstandswillen aufbringt und Widerstand leistet, was soll da der Unternehmer mit seiner Verbandsorganisation in die Bresche springen und sichtbare Zeichen des Widerstandes setzen? Warum auch soll er Streiks erdulden oder gar Aussperrung betreiben wegen ein paar Prozentpunkten Lohnerhöhung, die er der Gewerkschaft abtrotzt? Wo der Staat doch mit regelmäßiger Erhöhung von Steuern und Sozialabgaben jede Lohnerhöhung schmälert oder gar zunichte macht!

Und hier stellt sich die weitere Frage, ob die Unternehmer mit dem Einstieg in einen großen wirtschaftszerüttenden Arbeitskampf selber auch noch einen Stein auf das rundum gedemütigte und wirre Staatsgebilde werfen sollen – auf den Staat, der von Gewerkschaftsmacht gebeutelt ist und dessen Institutionen sogar durch die eigene Verfassungsgerichtsbarkeit mit „Kruzifix"- und „Mörder-Soldaten"-Urteilen verhöhnt, ja in Frage gestellt werden. Steinewerfen mag den anderen weiterhin überlassen bleiben, ein Teil von denen auch eine andere Republik will. Unter dem Zwang inneren Kostendruckes und äußeren Konkurrenzdruckes gehen die Unternehmer einen anderen

Weg in der Auseinandersetzung mit Gewerkschaftsmacht, Staatsmacht oder -ohnmacht und gerichtlicher Gängelung.

Wie Arbeitnehmer, so können auch Unternehmer streiken. Streiken bedeutet, die Arbeit verweigern. Die Arbeitnehmer streiken, indem sie urabstimmen, nicht zu arbeiten; indem sie nicht zur Arbeit erscheinen; indem sie die vom Arbeitgeber angebotene Arbeit nicht annehmen; indem sie Arbeitswillige an der Arbeit hindern. Auch der Arbeitgeber kann streiken, indem er Arbeit verweigert, keine Arbeit mehr zur Verfügung stellt, Arbeitsplätze wegrationalisiert, Arbeitsplätze ins Ausland verlagert. So schlägt er die Arbeitnehmer und ihre Organisation mit ihren eigenen Waffen. Und er trifft auch den Staat, dem die entlassenen Arbeitnehmer keine Steuern und Sozialabgaben zahlen. Er streikt eben auch, aber auf eine andere Weise.

Er stimmt nicht urab, verkündet nicht trompetenhaft in der Öffentlichkeit Urabstimmungsergebnisse, schwenkt nicht Fahnen und trägt nicht Transparente in Massendemonstrationen vor sich her. Er ist kein von Sozialfetischismus besessener, ideologisch verbohrter Weltverbesserer und Menschheitsbeglücker. Er faßt auch nicht in verborgenen Gremien seiner Organisation geheime Beschlüsse. Das mag Sache anderer in Nobelherbergen, auf Schlössern oder in Klöstern sein.

Die Einheitlichkeit seines Handelns beruht auf Zahlen. Das Zahlenwerk wird vom gewerkschaftlich und staatlich ausgeklügelten Kostendruck und der Notwendigkeit eines zumindest ausgeglichenen Betriebsergebnisses bestimmt. Das Zahlenwerk summiert sich aus höheren Löhnen, mehr Urlaub und immer kürzerer Arbeitszeit sowie aus ständig steigenden Steuern, Sozialabgaben und Entlassungsabfindungen. Das Zahlenwerk trifft alle Unternehmer in gleicher Höhe und Weise. Und deswegen handeln alle einheitlich. Denn Zahlen täuschen nicht; man kann sich nur täuschen – in den Zahlen. Deswegen handeln auch einige nicht richtig.

Das einheitliche Verhaltensmuster ist für den einzelnen Unternehmer zwingend. Er muß eigene Kosten senken, um Kosten von Außen abzufangen. So muß er auch Arbeitskosten und Personalkosten senken. So entläßt der Unternehmer. Und der Unternehmer stellt eben auch nicht mehr ein. Es ist eine andere, leise, nicht an die große Glocke gehängte, zurückhaltendere, ja vornehmere – möchte man fast sagen – Art, sich Druck zu fügen und zugleich Macht auszuüben. Er ist **ER**, der nicht **mehr** einstellt oder **nicht** mehr einstellt.